자발적 탄소시장
다이제스트

Carbon Market Digest

자발적 탄소시장 다이제스트

김태선 지음

두드림미디어

답설가(踏雪歌)

답설야중거(踏雪野中去)
불수호난행(不須胡亂行)
금일아행적(今日我行蹟)
수작후인정(遂作後人程)

눈 오는 들판을 걸어갈 때
함부로 걷지 마라
오늘 나의 행적이
뒤에 오는 사람의 이정표가 되리니

세계 최초의 자발적 탄소상쇄프로젝트는 1989년 미국의 전력회사(AES CORP)가 환경보호와 마케팅을 목적으로 시작했다. 전력 생산 시 발생하는 온실가스를 상쇄하기 위해 5,000만 그루의 소나무와 유칼립투스 나무를 심은 과테말라 산림농업(Agro-Forestry) 사업이었다. 조림 사업을 통해 전력을 생산하는 동안 배출하는 온실가스를 상쇄시키려는 아이디어에서 출발했다.

이는 1992년 6월, 브라질의 리우환경회의에서 지구온난화에 따른 이상 기후현상을 예방하기 위한 목적으로 출범한 유엔기후변화협약(UNFCCC, Untied Nations Framwork Convention on Climate Change)보다 4년이나 앞선 시기였다. 본격적인 규제적 탄소시장의 출발을 알리는 교토의정서가 채택된 1997년 12월, 제3차 당사국(COP) 총회보다는 무려 7년이나 앞서, 자발적 탄소시장(VCM)은 규제적 탄소시장(CCM)보다 먼저 개설되었다.

자발적 탄소시장은 탄소 감축 의무가 없는 기업 및 기관, 비영리단체, 개인 등이 사회적 책임과 환경보호를 목적으로 탄소상쇄프로젝트를 진행하거나 탄소크레딧 구매 및 탄소크레딧 소각(Retirement) 과정을 거쳐 감축 목표를 달성하려는 차원에서 만들어진 민간 시장이다.

규제적 탄소시장과 달리 자발적 탄소시장은 민간 주도로 운영되는 까닭에 저마다 다른 검인증 과정을 거치면서 탄소크레딧이 발급되어왔다. 이 과정에서 환경단체와 주요 언론매체에서 자발적 탄소시장에 대한 문제점이 제기되면서 그린워싱(Greenwashing)으로 불거지고 있다.

글로벌 자발적 탄소시장에서 표준인증 및 등록기관으로는 VCS(Verified Carbon Standard, 미국, 2006), ACR(American Carbon Registry, 미국, 1996), CAR(Climate Action Reserve 미국 2001), GS(Gold Standard, 스위스, 2003)를 꼽을 수 있다. 이들 기관은 1990년대 후반에서 2000년대 초반부터 운영을 시작해 자

발적 탄소시장을 주도적으로 이끌어가고 있다.

2024년 4월 2일 현재(누적 기준), 자발적 탄소시장에서 자연기반 탄소크레딧은 756.1백만 톤을, 재생에너지 탄소크레딧은 639.6백만 톤을 발행했고 각각 38.%, 32.8%의 비중을 보였다. 이처럼 조림 및 재조림 중심의 자연기반 프로젝트들이 주류를 이룬 배경에는 MAGA(마이크로소프트, 메타, 아마존, 구글, 애플) 업체들이 상대적으로 저렴한 탄소회피 크레딧을 선호해왔기 때문이다. 그러나 최근 들어 그린워싱 문제가 야기되면서 탄소제거 크레딧까지 매수세가 확대되면서 가격이 상승세를 보이고 있다.

글로벌 자발적 탄소시장은 그동안 민간 차원에서 시장 생태계가 마련되어 왔다. 규제 및 강제적인 요소가 취약한 관계로 신뢰성, 유동성, 투명성의 문제점들은 항상 존재해왔다. 운영 과정에 나타난 문제점을 해결하기 위해 자생적인 이니셔티브와 탄소크레딧 평가(Rating)기관들이 속속 등장하고 있고 최근에는 블록체인을 기반으로 한 탄소크레딧 토큰화 시도도 진행되고 있다.

국내 자발적 탄소시장은 지난 2007년부터 에너지관리공단의 자발적 온실가스 감축 사업(K-VER), 농업 농촌 자발적 온실가스 감축 사업, 산림탄소등록부 등이 있었으나 탄소배출권거래제가 본격화된 2015년부터 환경부 주도로 자발적 성격의 외부사업 인증실적(KOC, Korea Offser Credit) 사업이 운영되고 있다.

2023년 1월에는 탄소중립 지원을 목적으로 대한상공회의소가 탄소감축인증센터(KCS)를 국내 최초로 발족시켰고, 2024년 3월에는 민간 차원에서 자발적 탄소시장 연합회(VCMC)가 출범하기에 이르렀다. 그러나 2002년에 출범한 글로벌 자발적 탄소시장과 비교하면 약 20년 늦은 상태로, 만회를 위해서는 글로벌 자발적 탄소시장에 대한 구조 파악이 선행되어야 한다.

이를 위해 이 책은 총 10장으로 구성되어 있다. 글로벌 탄소시장 개요, 자발적 탄소시장 현환, 프로젝트 개발자, 표준인증 및 등록기관, 마켓플레이스 및 API 제공기관, 자발적 탄소시장과 블록체인, 자발적 탄소시장 거래소, 자발적 탄소크레딧 평가기관, 자발적 탄소시장 이니셔티브, 자발적 탄소시장 최적 대응전략 등으로 이루어져 있다.

책 말미의 부록에서는 글로벌 자발적 탄소시장에서 주도적인 역할을 하고 있는 141개 업체들의 홈페이지 주소를 정리해놓았다. 이 책은 이제 막 태동 중인 국내 자발적 탄소시장 활성화와 조속한 생태계 마련 차원에서 글로벌 자발적 탄소시장 구조를 벤치마킹한 내용으로 구성했다. 부족하나마 이 책을 통해 국내 규제적 탄소시장뿐만 아니라 자발적 탄소시장이 글로벌 스탠더드로 새롭게 거듭나길 기대해본다.

- 국내 자발적 탄소시장 5대 기본 방향

· 2030 국가 NDC 달성 및 2050 탄소중립 달성

· 민간 중심 운영과 시장 자율기능 존중

· 경제주체(정부, 기업, 민간) 적극 동참 유도

· 낮은 수준의 정책적, 제도적 룰 세팅

· 글로벌 환경규제에 대한 선제적 대응방안 마련

- 국내 자발적 탄소시장 운영 원칙

· 신뢰성, 안정성, 유동성, 이중계상 방지 등 글로벌 스탠더드 부합

· 유엔 지속가능 개발 목표(UN SDGs) 및 핵심 탄소원칙(CCPs) 준수

· 자발적 탄소시장 정보(가격, 거래량, 발급량) 투명하게 공개

· 블록체인 기술 기반, 자발적 탄소크레딧 토큰화

· 프로젝트 개발자, 인증센터, 마켓플레이스 간 Fire Wall 마련

· 자발적 탄소크레딧 평가 및 등급 레이팅(Rating) 기관 필수

김태선

PART 10

자발적 탄소시장 최적 대응전략

부록

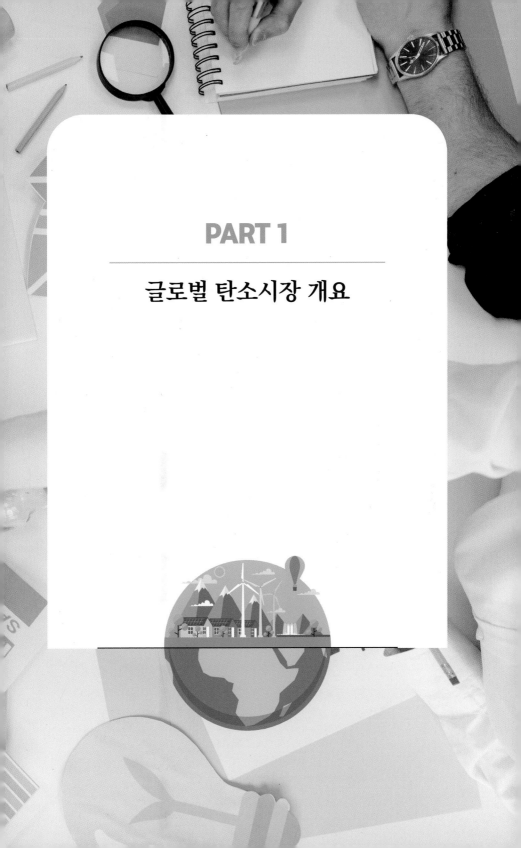

PART 1

글로벌 탄소시장 개요

글로벌 탄소시장 개요

글로벌 탄소시장은 1992년 브라질 리우 지구정상회의(Earth Summit)에서 기후변화에 대한 국제적 합의를 논의하기 위해 유엔기후변화협약(이하 UNFCCC)을 채택했다. 동 협약은 1994년 3월에 공식적으로 발효되면서 태동하게 되었다.

국제협약으로서 UNFCCC는 기본협약(Framework Convention)의 성격을 가지고 있어서 실제 정책이 현실화되는 것은 이행규정(Instrument)이 완비되어야 가능하다. UNFCCC 체제하에서 처음으로 현실화가 된 하부 조약이 바로 1997년 제3차 당사국총회(COP3)에서 채택된 교토의정서(Kyoto Protocol)다.

교토의정서에 의해서 선진국들에 비로소 법적 구속력이 있는 온실가스 감축 의무가 부여되었다. 교토메커니즘에 의한 유연성 체제는 공동이행제도(Joint Implementation, JI), 청정개발체제(Clean Development Mechanism, CDM), 배출권거래제(International Emissions Trading, IET) 등이 도입되었다.

교토의정서 제17조에 국제간 배출권거래에 대한 기초를 마련함에 따라 의정서 채택 후 가장 우선으로 배출감축 의무를 부여받게 된 유럽국가들은 2005년 EU 국가 간의 배출권 거래소인 EU ETS를 설치해 현재까지 세계 최초이자 최대인 온실가스 배출권 거래소로서 운영하고 있다.

2015년 12월, 프랑스 파리에서 열린 COP21에서는 교토의정서를 뒤이어 2020년 이후 새로운 기후변화체제를 수립하기 위한 파리기후변화협정(Paris Agreement)이 체결되었다.

최근 들어 자발적 탄소시장이 주목을 받게 된 계기는 2021년 10월 영국 글래스고에서 개최된 제26차 유엔기후변화협약 당사국 총회(COP26)에서 파리협정 제6조에서 국제 탄소시장의 구체적인 세부 이행 지침이 채택된 것에 기인한다.

특히, 협약 제6조는 국제 탄소시장과 VCM의 연계 가능성을 열어두면서 국가는 국가 온실가스 감축 목표(NCD) 달성을 위해, 그리고 기업은 지속가능 경영 목표의 달성과 ESG 경영을 위해 글로벌 자발적 탄소시장에 적극적으로 참여하고 있다.

규제적 탄소시장

대표적인 글로벌 탄소시장은 유럽연합 배출권거래제(EU-ETS), 영국 배출권거래제(UK-ETS), 미국 북동부 배출권거래제(RGGI, Regional Greenhouse Gas Initative), 캘리포니아 배출권거래제(CCA, California Carbon Allowance), 한국 배출권거래제(K-ETS), 중국, 뉴질랜드, 일본 등을 꼽을 수 있다.

2024년 2월 12일 현재, 런던 증권거래소그룹(LSEG, London Stock Exchange Group)의 분석에 따르면 2023년 글로벌 탄소배출권 시장 규모는 8,810억 유로(9,487억 5,000만 달러)로 사상 최고치를 기록했다. 이는 전년 대비 2% 증가한 수치로, 기후변화 대응에 있어서 탄소시장의 중요성이 커지고 있음을 알 수 있는 대목이다.

이러한 상승 배경은 전 세계 주요 국가들이 시장-메커니즘인 탄소배출권 거래제(ETS)를 본격적으로 도입, 시행한 결과에 기인한다. ETS의 기본 작동원리는 탄소배출권에 적정 가격을 책정해, 시장 참여자들이 저탄소 기술과 전략을 채택하도록 설계되었기 때문이다.

[자료 1-1] 글로벌 탄소배출권 시장 현황

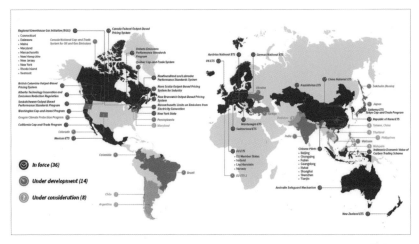

출처 : ICAP

탄소배출권 거래 총량은 약 125억 톤으로 비교적 안정적으로 유지되고 있음에도 불구하고 유럽과 북미 등 주요 시장에서는 사상 최고치의 급등세를 기록했다. 이러한 가격 급등은 글로벌 탄소배출권 시장의 시가총액(가격×거래량) 상승에 기여했다.

2023년 LSEG 탄소시장 보고서의 결과는 배출 감소를 위한 경제적 인센티브를 창출하고 저탄소 경제로의 전환을 촉진함으로써 기후 조치를 추진하는 데 배출권 거래 시스템이 수행하는 중추적인 역할을 담당하고 있다.

유럽연합 탄소배출권거래제(EU-ETS)는 시가총액(가격×거래량)은 약 7,700억 유로에 달하며 2023년에도 글로벌 탄소배출권 시장에서 시가총액 기준으로 1위를 유지하고 있다. 시가총액은 전년도보다 2% 증가한 수치이며, 글로벌 탄소배출권 시장의 무려 87%를 차지하고 있다.

EU-ETS는 2023년 2월에 탄소배출권 가격이 사상 최고치인 100유로Rkl 급등한 이후 연말로 갈수록 조정양상을 연출했다. 산업부문과 전력부문 모두 수요세가 둔화되면서 침체국면을 맞이했다. 결과적으로 2023년 말까지 탄소배출권 가격이 하락했다.

[자료 1-2] 글로벌 탄소배출권 시장 규모

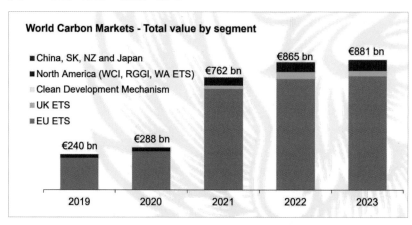

출처 : LSEG Carbon Market Year in Review 2023

이러한 약세 추세는 2024년 초반까지 지속되어, 톤당 60유로 아래로 떨어졌다. 이러한 하락은 유럽 전역의 경제 성장 둔화 등의 요인에 기인한다. 보고서는 이러한 경기 침체가 단기적으로 지속되어 특히 EU-ETS가 적용되는 산업 부문 내에서 추가 수요 파괴로 이어질 가능성이 있다고 전망했다.

영국 탄소배출권 시장(UK-ETS)의 시가총액은 2023년에 눈에 띄게 감소해 22% 감소한 364억 유로에 이르렀다. 이러한 감소는 주로 탄소배출권 가격 (톤당 평균 약 65유로)의 감소로 인해 발생했다. 2022년 대비 34% 감소했다.

한편, 북미에서는 여러 주요 규정 준수 시장에서 2023년에 사상 최고 가격을 기록했다. 특히 서부 기후 이니셔티브(WCI, Western Climate Initiative—California Quebec, Nova Scotia, Washington ; https://wci—inc.org)에서 탄소배출권 가격은 지역 내 배출 감소 노력에 대한 강조가 커지고 있음을 반영해 톤당 39달러까지 급등했다.

[자료 1-3] 글로벌 탄소배출권 가격 1

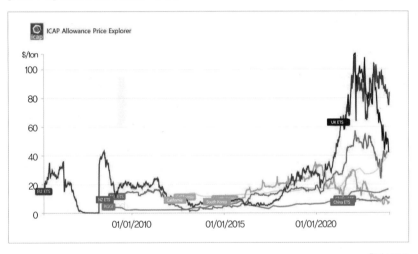

출처 : ICAP

미국 RGGI(Regional Greenhouse Gas Initiative)에서는 가격이 톤당 15달러 이상으로 급등해 강력한 탄소 가격 책정 메커니즘을 통해 기후변화에 적극적으로 대처하는 모습을 보였다. 북미 시장은 총 714억 유로의 시가총액을 기록했다($1=0.9286 유로 기준).

중국에서도 2023년 국가 ETS 가격이 크게 급등해 10월 톤당 80.51위안(11.19달러)으로 사상 최고치를 기록했다. 이 이정표는 야심 찬 기후 목표를 달성하고 보다 친환경적인 경제로 전환하는 데 핵심 도구로서 탄소 가격 책정에 대한 중국의 관심이 높아지고 있음을 알 수 있다. 중국 시장은 23억 유로의 시가총액 규모를 보인다($1=7.1929 중국 위안 인민폐 기준).

탄소시장은 규제적 탄소시장(구제적 탄소배출권 시장)과 자발적 탄소시장(자발적 탄소크레딧 시장)으로 구분된다. 규제적 탄소시장은 탄소배출권거래제(ETS)를 기반으로 한 시장이다.

탄소배출권거래제에서 '탄소배출권'이란 이산화탄소(CO_2), 메탄(CH), 아산화질소(NO) 등의 온실가스를 방출할 수 있는 권리이며, 이 권리에 대해 가격을 설정해 상품처럼 거래할 수 있게 하는 금융상품의 성격을 지니고 있다.

예를 들어 A업체에 대해서 정책당국이 1년 동안 온실가스 배출허용(할당량) 한도를 50만 톤으로 제한한 경우, 해당연도에 실질 배출량(인증량)이 55만 톤인 경우는 부족분 5만 톤(-5만 톤=50만 톤-55만 톤)에 대해서는 시장에서 매입해야 한다.

반대로 실질 배출량(인증량)이 45만 톤인 경우는 잉여분 5만 톤(+5만 톤=50만 톤-45만 톤)에 대해서 시장에서 매도가 가능하다. 즉, 배출권거래제는 이러한 부족분과 잉여분에 대해 시장-메커니즘을 이용해 온실가스 감축 목표를 달성하는 하나의 감축 수단으로 인정받고 있다.

[자료 1–4] 글로벌 탄소배출권 가격 2

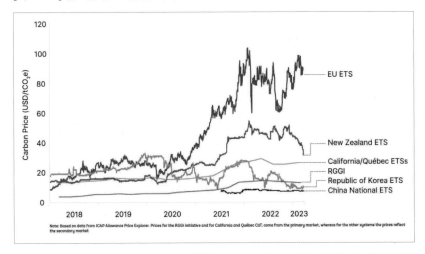

출처 : World Bank, State and Trends of Carbon Pricing 2023

자발적 탄소시장

자발적 탄소시장(자발적 탄소크레딧 시장)은 탄소 감축 의무가 없는 기업, 기관(정부기관 포함), 비영리단체, 개인 등이 사회적 책임과 환경보호를 위해 활동 중에 발생한 탄소를 자발적으로 상쇄하거나 이벤트 및 마케팅용으로 탄소배출권을 구매하는 등 다양한 목적 달성을 위해 배출권을 거래하는 시장을 의미한다.

세계 최초의 자발적 탄소상쇄프로젝트는 1989년 미국의 전력회사(AES Corp.)가 환경보호와 마케팅을 목적으로 전력 발전 시 발생하는 온실가스를 상쇄하기 위해 5천만 그루의 나무를 심는 과테말라 산림농업(Agro-forestry) 사업에 투자한 것이다. 자발적 탄소시장은 규제적 탄소시장이 모든 산업 및 탄소배출원을 규제대상에 포함시킬 수는 없기 때문에 상호보완적인 시장으로 공존하고 있다.

[자료 1-5]는 2022년 1월 18일=100p를 기준으로 글로벌 규제적 탄소시장 가격의 경우 IHS Markit Carbon Index 데이터를, 그리고 글로벌 자발적 탄소시장 가격은 S&P GSCI Global Voluntary Liquidity Weighted 데이터를 이용해 각각의 추세와 스프레드 추이를 보여주고 있다.

[자료 1-5] 규제적 탄소시장 가격 vs. 자발적 탄소시장 가격

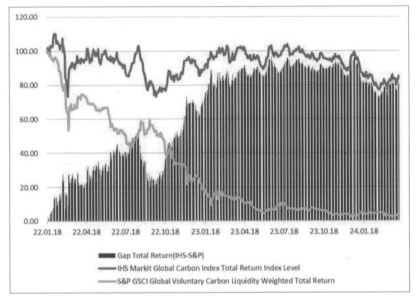

Gap Total Return(IHS-S&P)
IHS Markit Global Carbon Index Total Return Index Level
S&P GSCI Global Voluntary Carbon Liquidity Weighted Total Return

출처 : S&P Dow Jones Indices

[자료 1-6] 에너지 가격과 탄소배출권 가격

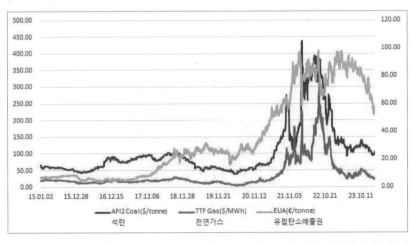

API2 Coal($/tonne)   TTF Gas($/MWh)   EUA(€/tonne)
석탄   천연가스   유럽탄소배출권

출처 : ICE, EEX, CME, NAMU EnR 금융공학 & 리서치센터

구분	규제적 탄소시장	자발적 탄소시장
시장 메커니즘	배출허용총량거래 (Cap & Trade)	탄소상쇄 기반 자유시장 (Carbon Offset)
거래단위	탄소배출권 (배출허용 CO_2eq)	탄소크레딧 (감축인증 CO_2eq)
주요 시장	EU-ETS, China ETS, RGGI 등	VCUs, CRTs 등
대체 가능성	동일한 상품	프로젝트별 상이
시장 참여자	할당대상업체로 제한	제한 없음
가격 수준	USD 100~50/ton	USD 10~1/ton

출처 : CME Group, NAMU EnR 금융공학 & 리서치센터

규제적 탄소시장과 자발적 탄소시장 간 가장 중요한 차이점은 자발적 탄소시장은 대체할 수 있거나 상호 교환이 불가능하다는 점이다. 탄소상쇄 기반에 따른 모든 크레딧은 개별 프로젝트들에 대해 확인 및 검증 단계가 필요하고 가격수준 또한 천차만별이다. 반면에 훨씬 더 엄격한 기준에 따른 규제적 탄소시장은 기업이 1톤의 CO_2 등가물을 배출하도록 허용하고 있다. 특히 국가별 상이한 배출권거래제(ETS) 기준에 따라 운영되고 있다.

자발적 탄소시장의 장점은 첫째, 시장 참여조건이 개방적이며 다양하고 유연하다는 것이다. 자발적 탄소시장은 지역사회 발전, 규제대상 온실가스 외의 공해방지 등 부가적인 혜택을 제공한다.

둘째, 등록에 따른 비용이 상대적으로 저렴해 자금이 충분하지 못한 개인과 기업, 기관의 참여가 쉽다.

셋째, 다양한 교육 및 참여기회를 제공한다. 이는 자발적 탄소시장의 가장 큰 장점으로 향후 강제적 탄소시장을 도입하기 위한 준비과정으로서 의미를

지니며, 전체 탄소시장을 확대시키는 데도 이바지한다.

넷째, 자발적 탄소시장에 참여하는 기업은 브랜드 가치 제고 효과를 얻을
수 있다.

[자료 1-8] 자발적 탄소시장의 장단점

장점	단점
시장 참여조건이 개방적이며 다양하고 유연	통일성 부족으로 인한 혼란 가능성
등록에 따른 비용이 상대적으로 낮음	명확한 표준 부재로 인한 신뢰성 저하
다양한 교육 및 참여기회 제공	타 시장체제와의 거래 제약
기업 브랜드 가치 제고	감축 실적의 이중계상 문제

출처 : 한국농촌경제연구원, 중소벤처기업연구원

[자료 1-9] 탄소가격제도 종류

탄소가격제	내용	탄소가격 결정방식	예시
탄소배출권거래제 (Emissions Trading Scheme)	• 참여자가 목표 배출량 달성을 위해 온실가스 배출 권리를 시장에서 거래할 수 있는 제도	• 수요/공급(시장경제 원리) 배출권 시장 운영 주체가 관여 가능	• European Union ETS 한국 온실가스배출권거래제
탄소세 (Carton Tax)	• 탄소배출에 대한 직접적인 세금(가격) 부과	• 탄소세 규제 주체에 의해 결정, 명확한 가격이 명시	• 핀란드, 덴마크, 노르웨이 탄소세
배출상쇄권 (Carbon Crediting : Offset Mechanism)	• 탄소감축 프로젝트/프로그램 성과를 기반으로 탄소배출권으로 대용 가능한 배출상쇄권을 부여	• 배출상쇄권을 인정하는 탄소배출권거래제(ETS)에 한해 대용 가능	• Joint Implementation(JI) CDM(Clean Develoment Mechanism)
RBCF (Results-based Climate Finance)	• 기설정된 탄소감축 목표 달성 여부에 따라 성과금 지급	• 탄소배출량 감축 성과와 지급되는 자금 규모에 의해 결정	• World Bark Carton Initiative forDevelopment(Ci-Dev)
내부 탄소가격제 (Internal Carbon Pricing)	• 국가/관할권이 내부적으로 탄소에 대한 가격을 설정해 향후 정책/규제 등에 이를 반영	• 정책/규제 주체에 의해 결정	• International Emissions Trading(IET)Internationally Transferred Mitigation Outcome(ITMO)

출처 : 삼성증권

자발적 시장은 강제적 시장과 비교해 몇 가지 단점도 가진다. 우선, 시장에 강력한 규제와 표준이 없기 때문에 통일성이 적어 시장의 혼란이 발생시킬 수 있다. 명확한 표준의 부재로 인한 낮은 신뢰성은 추후 계약이 인도되지 않을 수 있는 위험을 내포한다.

파리협약과
탄소시장

지구촌이 기후변화로 인한 자연재해로 인해 고통받고 있다. 독일의 대표적인 재보험사인 Munich Re(2022) 발표에 따르면, 자연재해로 인한 손실은 올해 상반기에만 650억 달러(약 84조 8천억 원)에 달하는 것으로 나타났다. 이는 1970년대보다 7.8배나 증가한 수치다.

국제과학기구인 기후변화에 관한 정부 간 협의체(IPCC, Intergovernmental Panel on Climate Change)에서는 '이번 세기 중반까지 현 수준의 온실가스 배출량 유지 시, 2021~2040년 중 1.5℃ 지구온난화를 넘을 가능성이 크다'라는 내용을 담은 IPCC 제6차 평가보고서(AR6) 제1실무 그룹 보고서를 승인했다.

동 보고서에서는 기후재난이 더욱 빈번해지고 강도도 더욱 세질 것이라 경고하고 있으며, 이에 기후위기 대응을 위한 전 지구적인 노력이 더욱 강조되고 있다. 이와 같은 과학적 근거를 기반으로, 2021년 개최된 COP26에서는 국제사회의 탄소중립 의지가 담긴 글래스고 기후합의(Glasgow Climate Pact)가 도출되었다.

글래스고 기후합의에서는 지구 온도 상승 폭 1.5도 이내 제한(2015년 파리협정 목표 유지), 국가 온실가스 감축 목표(NDC) 재점검(이행계획 점검 후 석탄 등 화석연료 감축(탄소저감장치 없는 석탄발전소 단계적 감축, 화석연료 보조금 단계적 중단), 메탄 감축(2030년까지 메탄 등 감축 검토 요구, 생태계 보전(산림 및 해양 생태계 보호 및 복원 중요성 강조), 선진국의 기후변화 적응기금 증액(2025년까지 2019년 대비 2배 증액), 국제 탄소시장 지침 마련(탄소배출 감축분에 대한 이중계상 방지) 등의 내용이 포함되었다.

또한, 글로벌 메탄서약(Global Methane Pledge) 및 산림 및 토지이용에 관한 글래스고 정상선언(Glasgow Leaders Declaration on Forests and Land Use), 무공해차 전환선언, 석탄에서 청정에너지 전환을 위한 글로벌 선언문(Global Coal to Clean Power Transition Statement) 등이 발표되었다. 글래스고 금융연합(Glasgow Financial Alliance for Net Zero, GFANZ)'이 출범하는 등 정부와 민간부문의 선언이 연이어 발표되었다.

파리협정 제6조에서는 시장 메커니즘으로 6.2조 협력적 접근법(Cooperative Approach, 이하 CA)과 6.4조 지속가능 발전 메커니즘(Sustainable Development Mechanism, 이하 SDM), 6.8조 비시장 메커니즘을 제시하고 있다. 동 회의에서는 ITMO의 상응조정, SDM 체제로 전환하는 데 따른 CDM 감축 실적 사용, 감축 실적에 대한 적응 재원 공제 등이 결정되었다.

[자료 1-10] 파리협정 제6조 관련 주요 지침 합의 내용

구분		주요 내용
6.2조	협력적 접근법	[상응조정] 감축 실적을 국제적으로 이전·사용 시 상응조정 실행을 원칙으로 해 감축 실적의 국가 간 이중 계산을 방지(단, 참여사 국이 허가하지 않은 기타 목적의 감축 실적에 대해서는 구체적인 규정이 없어 각 국간 추가 협상 필요)
		[감축 실적의 활용] 탄소저감 사업에서 발생한 감축 실적을 사업 참여국이 자발적으로 공제·공여해 개도국 적응재원으로 활용
6.4조	지속가능 개발 메커니즘	[청정개발체제(CDM)의 지속가능개발체제(SDM)로의 전환] 2021년 이전 발급된 청정개발체제(CDM) 사업 감축 실적(CER)에 대해서는 2013년 이후 등록된 사업에 한해 2015~2017년 각국이 제시한 1차 NDC에만 사용 가능
		[감축 실적의 활용] 감축 실적에서 5%를 의무적으로 공제해 개도국을 위한 적응재원으로 사용하고 전 지구적 전반적 감축(Overall Mitigation in Global Emissions; OMGE)를 위해 감축 실적의 2%를 취소

출처 : UNFCCC, 환경부 등 관련 부처 자료

탄소시장 관련 지침의 타결은 그간 교토의정서하에 운영되어오던 교토메커니즘 시대를 끝내고 SDM 체제로 넘어가는 본격적인 신규 국제 탄소시장 시대가 도래했음을 의미한다.

COP26에서 결정된 6조 세부이행지침에 따라 온실가스 감축 실적을 DNC 달성에 활용할 수 있게 되면서 다자 또는 양자 간 본격적인 협력사업 논의가 가능하게 되었다. 타결된 파리협정 제6조의 6.4조(SDM)는 CDM의 핵심요소를 차용하고 있으며 6.2조(협력적 접근법)는 양자 간 다양한 협력 방식을 허용하고 있다.

따라서 앞으로 각 조항의 세부이행지침을 면밀히 파악해 다자 및 양자 간 협력사업을 추진해야 할 필요가 있다. 또한, 파리협정에 따라 개도국 역시 탄

소중립에 동참하고 자국의 온실가스 감축과 적응 능력 향상을 위해 선진국의 적극적인 재정적, 기술적 지원을 요구하고 있기 때문에 실행가능한 온실가스 감축 사업 발굴 등 감축 여력이 높은 개도국과의 협력전략을 마련하는 것이 필요하다.

이와 같은 기본원칙을 바탕으로, 신기후체제에서는 양자 협력 채널 구축 및 활용을 할 수 있는 6.2조에 해당하는 사업개발에 주목할 필요가 있다. 6.2조의 경우 당사국의 합의로 신속하고 유연한 기준과 절차 적용이 가능할 것으로 예상함에 따라, 양자협력국 대상으로 감축 잠재력이 높은 사업 발굴 및 실행 계획을 선제적으로 개발하는 것이 필요하다.

이는 NDC 달성에 활용할 수 있을 뿐만 아니라 기업의 ESG 목표 달성 및 국내 감축 기술의 해외 진출 기회로 확대할 수 있다. 제6조가 자발적 탄소시장을 직접 규정하지는 않았지만, 6.2조와 6.8조 등 국가 간 협력, 비시장 메커니즘 등이 강조된 바, 앞으로는 자발적 탄소시장을 활용한 감축 활동도 더욱 활발해질 것으로 전망된다.

[자료 1-11] CDM-파리협정 제6.4조 메커니즘 비교

청정개발체제(CDM)		구분	협정 제6.4조 메커니즘(A6.4M)	
교토의정서 당사국회의 (CMP)		최상위 의사결정 기구	파리협정 당사국회의 (CMA)	
집행이사회 (Executive Board, EB)		감독 기구	감독 기구 (Supervisory Body, SB)	
CER (Certified Emission Reduction)		감축 실적	A6.4ER (Article 6, paragraph 4, emission reduction)	
① 사업 개발/계획(방법론 포함)			① 사업 개발/계획(방법론 포함)	
② 참여국 정부의 사업 승인 (approval)			② 참여국 정부의 사업 승인 및 허가 (approval and authorization)	
③ 타당성 평가		사업 절차	③ 타당성 평가	
④ 사업 등록			④ 사업 등록	
⑤ 감축활동 모니터링			⑤ 감축활동 모니터링	
⑥ 감축 실적 검·인증			⑥ 감축 실적 검·인증	
⑦ 감축 실적 발급			⑦ 감축 실적 발급	
일반 사업	갱신형	기본 최대 7년 +갱신 최대 2회 (총 21년 최대)	사업 기간 (감축 실적 발급 가능 기간)	일반 사업	갱신형	기본 최대 5년 +갱신 최대 2회 (총 15년 최대)
	고정형	최대 10년			고정형	최대 10년
산림 관련 사업	갱신형	기본 최대 20년 +갱신 최대 2회 (총 60년 최대)		산림 관련 사업	갱신형	기본 최대 15년 +갱신 최대 2회 (총 45년 최대)
	고정형	최대 30년			고정형	추후 논의

출처 : 환경부

[산호세 원칙]

감축 사업 추진에 있어 지속가능성과 환경 건전성도 더욱 심도 있게 고려되어야 한다. 지난 COP25에서는 파리협정 제6조가 준수해야 하는 기준으로 산호세 원칙(San Jose Principle)에 합의한 바 있다.
산호세 원칙은 감축 사업 추진에 있어 환경 건전성을 준수하는 것을 기본원칙으로 제시하는 것으로서, 전 세계 모두의 공통된 노력을 명시하고 있다.

- 환경건전성을 준수하고, 감축 목표는 최대한 상향
- 전 세계 온실가스 감축의 가속화를 위해 제로섬 상쇄방식을 넘어선 전 세계적인 감축 달성
- 2020년 이전의 교토의정서 감축 크레딧과 할당배출권의 사용을 금지
- 이중산정을 방지하고, 감축 실적을 활용하는 경우 상응조정은 필수
- 파리협정 목표 달성을 저해하는 배출량, 기술 또는 탄소집약도 높은 사례를 고정하지 말 것
- 유치국 NDC와 파리협약 목표 달성을 지원하는 산정 방법론 적용
- 투명성, 정확성, 일관성, 비교가능성, 완전성 원칙을 준수하는 이산화탄소 당량의 배출량과 제거량 산정 및 보고 방식 사용
- 명확하고 투명한 산정을 위해 정보의 수집, 추적과 공유가 외부에 공개되는 시스템 사용
- 모든 당사국이 전체 경제시스템을 포괄하는 목표를 수립하는 것을 촉진
- 기후변화에 취약한 개발도상국의 적응 비용을 지원하기 위한 정량화되고 예측 가능한 재원 마련
- 제6조 참여 국가를 최대한 확대하기 위한 역량강화의 중요성 인식

PART 2

자발적 탄소시장 현황

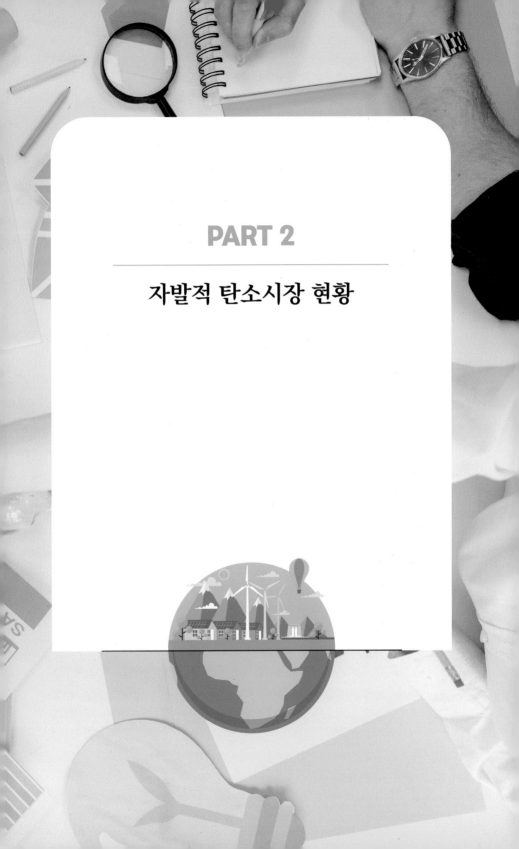

자발적 탄소시장 현황

2021년부터 글로벌 기후변화 협약 체제가 교토의정서에서 파리협정으로 대체되면서 청정개발체제(CDM)는 자발적 탄소시장 등을 포함한 다양한 시장-메커니즘들이 채택되고 있다. 특히 파리협정의 제6조에서 규정한 탄소감축 실적이 NDC에 활용될 수 있게 되면서 자발적 탄소시장에 대한 관심이 확대되고 있다.

민간이 주도하는 탄소시장인 자발적 탄소시장은 파리협정의 제6조에서 규정한 탄소감축 실적이 국가 온실가스 감축 목표(NDC)에 활용될 수 있도록 허용되면서 기업, 금융시장, 그리고 정부의 관심이 집중되고 있다.

2030년 국가 온실가스 감축 목표인 NDC의 경우 2018년 727.6백만 톤 대비 291.0백만 톤을 감축하는 것으로 목표(40.0% 감축)가 설정되었다. 특히 자발적 탄소시장과 직간접적으로 연계되어 있는 흡수 및 제거 부문(흡수원, CCUS, 국제감축)의 감축량은 75.4백만 톤으로 전체 감축 목표 중 25.9%를 차지하고 있어 자발적 탄소크레딧 시장(VCM)에 대한 관심이 고조되고 있다.

자발적 탄소시장은 ESG 경영을 추구하는 기업들의 참여가 확대되고 자발적 탄소시장의 투명성 제고와 표준화를 위한 국제사회의 노력이 강화되면서 크게 성장할 것으로 전망된다. 따라서 자발적 탄소시장을 활성화시키기 위해 탄소크레딧의 공급 인프라와 수요 기반 확대, 글로벌 자발적 탄소시장과의 연계 전략 등을 적극적으로 모색할 필요가 있다.

자발적 탄소시장 구조

자발적 탄소시장은 개인, 기업, 정부, 비영리단체 등이 사회적 책임을 다하기 위해 자발적으로 온실가스 감축 프로젝트에 참여해 획득한 감축 실적을 탄소크레딧 형태로 거래하는 탄소시장이다.

탄소크레딧(Carbon Credit)은 온실가스 감축 활동을 통한 확보한 감축분을 시장에서 거래할 수 있도록 공인기관의 검증을 거쳐 발급받은 감축 인증서를 말한다.

자발적 탄소크레딧 시장은 여타 시장과 마찬가지로 탄소크레딧의 수요과 공급에 의해서 가격이 결정된다. 탄소크레딧 공급은 온실가스 감축 프로젝트의 개발, MRV(모니터링, 보고, 검증), 표준기관(인증 및 등록), 거래소(중개) 과정을 거쳐 최종 수요자에게 공급된다.

[자료 2-1] 자발적 탄소시장 구조 1

[자료 2-2] 자발적 탄소시장 구조 2

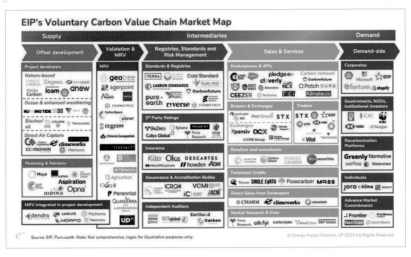

1. 프로젝트 개발자

자발적 탄소크레딧을 발행할 목적으로 감축 및 제거 프로젝트를 설계하고 개발하는 시장 참여자다. 탄소크레딧을 판매해 얻은 수익은 신규 프로젝트 재투자하기도 한다. 전 세계적으로 1,000개가 넘는 프로젝트 개발자가 있지만, 상위 20개 개발자가 전체 탄소크레딧의 약 40%를 발행했다. 15개 이상의 프로젝트를 개발한 개발자는 37개에 불과할 정도로 일부 개발자들에게 집중되어 있다.

2. 제3자 검증기관

프로젝트가 실행된 후 프로젝트에서 달성한 실제 배출량 감축을 확인 및 검증이 완료되면 탄소크레딧은 레지스트리에 있는 프로젝트 개발자의 계정에 등록 이후 실질적인 자발적 탄소크레딧에 대한 발행과 매매가 이루어진다.

3. 표준인증 및 등록기관

표준인증 기관은 자발적 탄소크레딧 시장에서 사용되는 표준을 제정하고 유지하는 역할을 한다. 이러한 표준은 탄소 오프셋 프로젝트의 설계, 실행, 검증 및 보고에 대한 지침을 제공해 시장의 일관성과 신뢰성을 보장한다.

등록기관은 탄소크레딧의 발행, 소유권 이전, 거래 및 소멸을 추적하고 관리하는 역할을 한다. 4대 기관으로는 베라(VCS), 기후행동준비금(CAR), 골드스탠다드(GS), 미국 탄소 레지스트리(ACR) 등이 있다.

4. 마켓플레이스

마켓플레이스는 탄소크레딧을 거래하기 위한 온라인 플랫폼으로 이를 통해 판매자는 자신의 탄소감축 프로젝트를 등록하고, 구매자는 필요에 맞는 탄소크레딧을 검색하고 구매할 수 있어 시장의 투명성을 유지하고 거래의 효율성을 증진시킨다.

글로벌 자발적 탄소크레딧 시장은 민간 차원에서 형성된 시장으로 자유롭게 탄소크레딧이 발행되고 유통, 소멸된다. 이 과정에서 신뢰성과 유동성, 안정성 등에 문제점이 불거지고 있다.

이를 해결하기 위해 블록체인을 기반으로 한 탄소크레딧의 토큰화가 자리 잡아가고 있다. 블록체인 기술은 서로 다른 시스템을 연결하고 투명성과 유동성을 개선하며, 크레딧 추적을 용이하게 하고 이중 계산과 같은 문제해결에 도움이 될 수 있다.

5. 중개기관

대부분의 거래는 프로젝트 개발자와 상쇄 크레딧 구매자 사이에서 장외로 직접 이루어지는 것처럼 보이지만, 프로젝트 개발자는 브로커를 통해 크레딧을 발행하거나 거래소에 상장할 수도 있다. 일례로 Xpansive는 2021년 기준 시장 거래량의 1/3 이상을 담당하는 최대 규모의 VCM 거래소다. 대규모 펀드와 규모가 큰 기업 구매자들은 개발자와 직접 거래를 선호하고 특히 장기적인 탄소크레딧 공급계약을 중개기관을 이용한 장외거래를 선호한다.

6. 평가기관

자발적 탄소크레딧 시장에서 그린워싱(Greenwashing) 문제가 본격화되면서 온실가스 감축 프로젝트와 탄소크레딧에 대한 종합적인 평가를 하고 등급

(Rating)을 매기는 업체들이 늘어나고 있다. 감축 프로젝트 및 탄소크레딧에 대해 실질적인 기후완화 효과에 대해서 재검증을 하고 장기적인 경제적 편익과 리스크, 신용 등을 종합적으로 판단할 수 있는 투자 지표를 제공한다. 대표적인 평가기관으로는 Sylvera, BeZero, Calyx Global 등이 있다.

그린워싱 문제로 평가기관들의 위상이 커지다 보니 이들과 제휴를 통해 처음부터 무결성을 보장하고 프로젝트를 진행하려는 업체들이 많아지고 있다. 케냐의 DAC 업체 옥타비아 카본(Octavia Carbon)은 BeZero Carbon과 업무제휴를 맺고 DAC 부문 최초 크레딧 등급을 개발할 예정임을 밝혔다.

싱가포르에 본사를 두고 있는 ACX 거래소(Air Carbon Exchange)는 높은 등급의 크레딧에 대한 표준화 된 계약을 도입하기 위해 2023년 12월 5일, Sylvera와 파트너십 체결을 발표했다. 즉, 투자자에게 고품질 프로젝트로 자금 유도 및 지원을 통해 자사 거래소에서 거래되는 크레딧의 품질 향상뿐 아니라 궁극적으로는 시장 확대를 목적으로 하고 있다.

7. 무결성 이니셔티브

자발적 탄소시장의 무결성과 기능을 개선하기 위해 민간 및 공공 부문에서 많은 이니셔티브들이 등장하고 있다. 이니셔티브는 미션, 비전과 같은 방향성을 가지고 각 산업계에 속한 기업들의 행동강령이나 가이드라인 형태의 자율 규범을 제안하고 다루는 글로벌 기관을 의미한다.

자발적 탄소시장에서 가장 대표적인 이니셔티브로는 VCMI(Voluntary Carbon Markets Integrity Initiative), SBTi(Science Based Targets initiative), ICROA(International Corporate Responsibility Alliance), ICVCM(International Carbon Verification and Mitigation Mechanism) 등이 있다.

8. 최종 구매자

일반적으로 자발적 탄소크레딧 시장에서 최종 구매자는 글로벌 다국적 기업들이 주류를 이루고 있다. 이들은 환경규제를 피하고 지속가능 경영 측면과 ESG 달성 및 친환경 기업 이미지의 제고 차원에서 탄소크레딧을 적극적으로 매입하고 있다.

구매자는 탄소크레딧을 구매함으로써 프로젝트로부터 감축 또는 제거된 배출량을 소유하게 된다. 탄소크레딧의 수명은 구매자가 배출량 감축 또는 지속가능한 발전 목표를 달성하기 위해 소각(Retirement) 과정을 거친다. 일단 구매한 탄소크레딧의 소각이 결정하면 해당 크레딧은 더 이상 거래될 수 없다.

[자료 2–3] 자발적 탄소시장 구조 3

출처 : BNEF

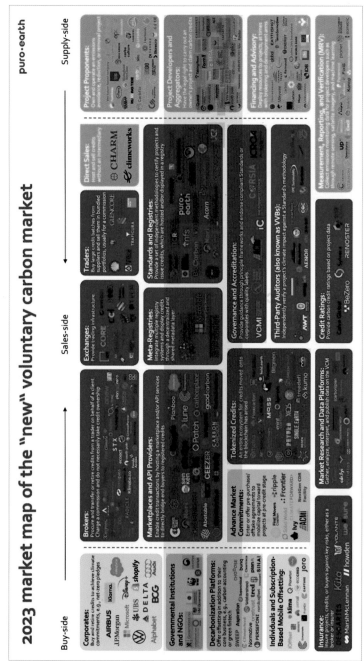

2023 market map of the "new" voluntary carbon market

출처 : puro earth

출처 : Sustaim

출처 : Sustaim

자발적 탄소시장
수급 현황

글로벌 탄소시장의 2023년은 중요한 전환의 시기로 기록되면서 교토의정서의 청정 개발 메커니즘(CDM)에서 보다 역동적인 파리협정의 Article 6 시장으로의 전환기였다. 탄소크레딧의 신뢰성에 의문을 제기하는 언론 보도에도 불구하고 자발적 탄소시장(VCM)은 놀라운 회복력을 보여주었다.

2023년 자발적 탄소시장은 발행시장에 대한 투자는 지속되었을 뿐만 아니라 다양한 산업군에서 기록적인 시장 참여자가 증가했다. 주요 프로젝트 개발업체들은 포트폴리오를 확장하고, 자연기반 솔루션, 재생에너지 등의 다각화로 대응했다.

프로젝트 개발자들은 CORSIA(Carbon Offsetting and Reduction Scheme for International Aviation)의 자격 요건과 파리협정 제6조에 의해 의무화된 환경 및 사회적 보호조치에 따라 품질, 투명성 및 영향력에 대한 새로운 벤치마크를 설정하려는 움직임을 보이고 있다. 그 결과 높은 탄소크레딧 가격과 높은 무결성 상쇄를 찾는 구매자들의 니즈를 반영해 수익성 확보를 모색하고 있다.

향후 탄소크레딧 품질에 따라 가격은 상당한 차이가 있을 것으로 전망된다. 특히 핵심 탄소원칙(CCP, Core Carbon Principles) 및 CORSIA 기준을 충족하는 배출권은 더 높은 품질과 규정 준수를 반영해 프리미엄을 요구할 가능성이 높다. 탄소크레딧의 가격 차이는 탄소크레딧 거래에 있어 품질과 무결성을 강조하는 방향으로 시장은 빠르게 재편될 것으로 예상된다.

2021년 VCM의 가치는 2020년 대비 4배 증가해 20억 달러를 기록했다. 이러한 급증은 2030년까지 100억 달러에서 400억 달러의 가치로 성장할 것으로 예상된다. 이런 성장 배경에는 CORSIA와 같은 규제 프레임워크에서 자발적 탄소크레딧에 대한 잠재적인 대기 매수세에 기인한다.

또한, 2024년에는 새로운 규정과 자연 관련 재무 정보 공개 태스크포스(TNFD)로 인해 생물 다양성에 대한 기업의 약속이 급증할 것으로 예상된다. 이러한 추세는 환경 활동과 생물 다양성 보존의 상호연관성에 대한 인식이 높아지고 있음을 암시하고 있다. 탄소배출권을 생물다양성 이니셔티브와 통합하려는 기업이 점점 더 많아지고 있으며, 이는 환경 지속가능성에 대한 접근 방식에 상당한 변화를 가져올 것이다.

2012년부터 2022년까지 7,000개 이상의 프로젝트에 총 360억 달러가 투입되었다. 특히 2021년부터 2023년까지 170억 달러가 이루어졌다. 이러한 투자 급증은 환경 목표를 달성하기 위한 전략으로 탄소상쇄에 대한 기업 부문의 헌신이 증가하고 있음을 보여준다. 2022년 한 해에만 시장은 75억 달러의 투자가 이루어졌다.

2023년 VCM은 그린워싱에 대한 여파로 탄소크레딧의 수요가 급감했고 그 결과 자발적 탄소크레딧의 가격은 급락행진을 이어갔다. 특히 조림 및 재조림 부문의 자연기반 프로젝트들의 신뢰성 문제가 본격화되면서 약세행진을 이어가고 있다.

2023년에는 100명 이상의 신규 프로젝트 개발자가 시장에 진입해 2018년 이후 5년 연속 상승세를 보였다. 이러한 개발자의 유입은 시장의 활력을 강화할 뿐만 아니라 새로운 아이디어, 방법론 및 프로젝트의 다양화 측면에서 고무적이다. 신규 진입자들은 다양한 부문과 지역에 걸쳐 탄소 감축 및 제거를 위한 미개척 잠재력을 탐색하면서 시장의 범위를 확장하고 있다.

2023년은 자발적 탄소크레딧 시장(VCM) 내에서 투명성을 향한 중요한 전환점이었다. 다국적 기업에서 소규모 기업에 이르기까지 기록적인 수의 구매자가 탄소배출권 구매를 공개하기 시작했다.

개방성을 향한 이러한 움직임은 시장 내에서 신뢰와 책임을 구축하는 데 중요한 단계이며, 이를 통해 이해 관계자는 탄소배출권 거래의 실제 영향을 더 잘 평가할 수 있다. 이런 공개는 시장의 성장이 글로벌 환경 행동에 기여한다는 기본 목표와 일치하는지 확인하는 데 중추적인 역할을 하게 된다.

구매자와 개발자 간의 역학 관계도 진화하고 있으며 투명성과 다양성에 대한 강조가 증가하고 있다. 시장의 성장은 실질적인 환경적 이점을 제공하는 고품질의 검증 가능한 크레딧에 대한 필요성에 대한 광범위한 인식을 동반했다.

구매자들은 배출량을 상쇄하는 데 도움이 될 뿐만 아니라 생물 다양성 보존 및 사회적 웰빙을 포함한 광범위한 지속가능성 목표에 기여하는 크레딧을 찾고 있다.

[자료 2-7] 자발적 탄소크레딧 누적 발행 비중

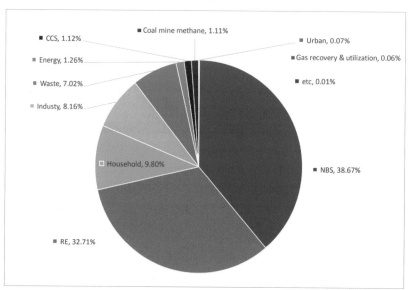

출처 : Climate Focus

Abatable의 2023년 탄소시장 보고서에 따르면 탄소크레딧 품질에 대한 조사와 요구의 증가가 개발자에게 영향을 미치고 있으며, 더 높은 수준의 프로젝트 개발 및 보고를 혁신하고 준수하도록 압박하고 있음을 보여준다. 그 결과 시장에서는 탄소를 줄이거나 제거 목표 이외에도 추가적인 환경 및 사회적 편익을 제공하는 프로젝트들에 대해서 선호세가 확산되고 있다.

[자료 2-8] 탄소크레딧 매입자당 소각량 및 매입자 수

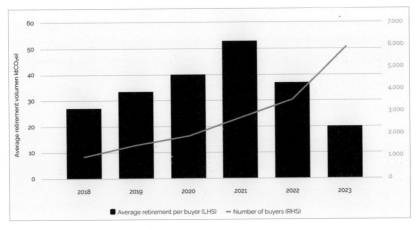

출처 : Abatable

자연기반 탄소크레딧은 통해 탄소배출권, 생물다양성 배출권, 생태계 서비스 배출권과 같은 다양한 형태로 이러한 혜택을 정량화하고 교환할 수 있다. 자연기반 탄소크레딧 선호는 천연자원의 보존을 인정하고 장려하기 위한 실질적인 프레임워크의 구축을 의미한다. 자연기반 탄소크레딧에 대한 수요가 급증한 이유는 다음과 같다.

첫째, 탄소배출은 기후변화와 기온 상승에 크게 기여해 환경재앙을 초래한다. 조림, 재조림 및 습지 복원을 포함한 자연기반 솔루션은 많은 양의 이산화탄소를 격리하는 관계로 배출량을 완화할 수 있어 자연기반 탄소크레딧의 수요가 급증했다. 특히 파리협정 제6조는 국제 시장 협력과 REDD+(삼림벌채 및 산림 황폐화로 인한 배출 감소)의 중요성을 더욱 강조하고 있다.

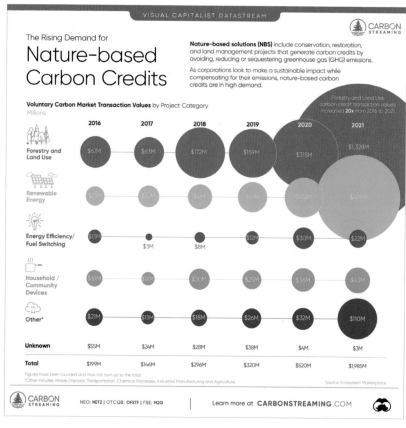

출처 : Carbon Streaming

둘째, 생물다양성 보전과 서식지 복원의 시급한 필요성이 전 세계적으로 크게 부각되고 있다. 종의 급격한 감소율과 함께 자연기반 탄소크레딧은 생태계 보존차원에서 매우 중요하다. 멸종 위기에 처한 종의 서식지를 보호하고 황폐해진 토지를 복원함으로써 생물 다양성에 초점을 맞춘 자연기반 탄소크레딧에 대한 수요가 급증하면서 포괄적인 환경 보전 노력이 필요하다는 목소리가 커지고 있다.

셋째, 환경적 의무 외에도 정책과 입법은 기업과 산업이 자연기반 배출권을 수용하도록 상당한 압력을 가하고 있다. 전 세계 주요 정부는 국가 차원에서 환경규제와 조세 정책을 강화하고 있다. 이러한 환경규제에 대응하기 위해 기업들은 자연기반 솔루션에 투자하고 자연기반 탄소크레딧을 획득하려는 내부 규정 마련으로 장기적인 지속가능 경영 전략를 수립하고 있다.

[자료 2-10] 자연기반 탄소크레딧 누적 발행량

누적 Nature Based Issued Credit

출처 : Climate Focus

마지막 넷째로, 사회적, 경쟁적, 고객 압력은 자연기반 크레딧에 대한 수요를 주도하는 데 중요한 역할을 한다. 소비자는 환경에 대한 의식이 높아지고 있으며 기업이 지속가능성에 대한 약속을 보여주기를 기대하고 있다.

자연기반 이니셔티브를 적극적으로 지원하는 기업은 더 강력한 브랜드 평판, 경쟁 우위 및 고객 충성도 증가를 누릴 수 있다. 기업의 가치를 고객의 가치와 일치시킴으로써 기업은 더 친환경적이고 지속가능한 미래로의 전환에서 리더로 자리매김할 수 있다.

[자료 2-11] 자발적 탄소크레딧 연도별 발행량 및 소각량

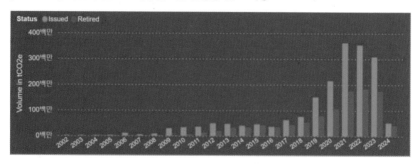

2024년 4월 1일을 기준으로 누적 자발적 탄소크레딧의 발행량(공급량)은 1,927백만 톤이 발행되었으며 소각량(수요량)은 1,039백만 톤의 소각 실적을 보였다. 미소각량은 888백만 톤으로 공급우위의 시장 상황을 보여주고 있다.

2023년도 발행량은 353백만 톤으로 전년 대비 12.8% 감소세를 보였고 소각량의 경우는 183백만 톤으로 전년 대비 5.1% 감소했다. 2024년도 발행량과 소각량은 각각 206백만 톤과 165백만 톤으로 추정되고 있다.

[자료 2-12] 자발적 탄소크레딧 연도별 미소각량

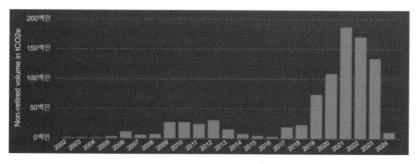

미소각량(발행량-소각량)은 2017년 19백만 톤에서 꾸준히 상승해 2021년에는 187백만 톤까지 급증하는 양상을 보였다. 이러한 미소각량의 증가는 주요 언론매체에서 자발적 탄소크레딧에 대한 그린워싱 보도자료가 나간 이후 본격화되었다. 특히 자연기반 프로젝트들에 대한 신뢰성 문제가 부각되면서 자발적 탄소크레딧에 대한 매수세가 급격히 감소했다.

[자료 2-13] 국가별 감축 프로젝트 현황

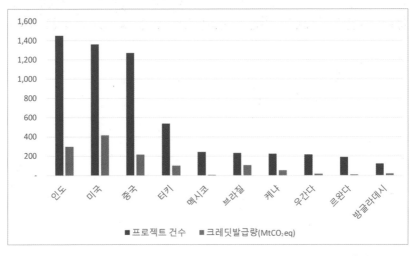

출처 : Abatable

자발적 탄소크레딧 시장은 공급 우위 속에 주요 언론매체에서 연이은 그린워싱의 문제가 제기됨에 따라 사상 최저치를 연이어 경신하고 있다. 이 가운데 2024년에는 CORSIA에서 적격 탄소크레딧 인증기관을 대폭 축소(2023년 11곳에서 2024년 2곳)함에 따라 수급 불균형에 대한 우려를 심화시켰다.

[자료 2-14] 자발적 탄소시장 가격 동향

출처 : S&P Global, Carbon Credits

자발적 탄소시장 가격분석[1]

1. 수요 vs. 공급

탄소배출권 시장도 여타 시장과 마찬가지로 수요요인과 공급요인에 의해서 가격이 결정된다. 규제적 탄소시장의 경우 할당량에 해당하는 공급곡선은 가격에 대해서 비탄력적인 수직선에 가까운 공급곡선의 형태를 띠게 된다. 수요곡선은 가격수준에 대해 탄력적인 우하향의 형태를 보이게 된다.

한편 자발적 탄소시장에서는 공급곡선, 수요곡선 모두 가격에 대해 탄력적인 움직임을 보인다. 공급곡선의 경우 가격이 높게 형성되면 더 많은 크레딧을 공급하고 반대로 가격이 낮으면 크레딧을 적게 공급한다. 수요곡선의 경우 우하향하는 형태로 가격과 배출량간의 반비례 관계가 형성되면서 탄력적인 움직임을 보인다.

---

1) 《자발적 탄소크레딧 시장 101》, 김태선 외 7인, 두드림미디어, 2024

2. 시장 간 연계

교토메커니즘하에서는 유럽 탄소배출권시장의 경우 청정개발체제(CDM, Clean Development Mechanism) 사업을 통해 얻게 되는 CER크레딧을 13.5% 사용할 수 있도록 했다. 국내 탄소배출권 시장도 외부사업을 통해 외부사업 인증실적(KOC, Korean Offset Credit)을 확보한 뒤 이행을 위한 상쇄배출권(KCU, Korean Credit Unit)으로 전환 후 인증량의 5.0% 범위 내에서 사용할 수 있다.

외부사업으로 발생한 상쇄배출권(KCU)은 배출권 시장에 추가적인 유동성을 제공한다. 또한, 규제적 탄소시장의 배출권 가격이 상승하게 되면 온실가스 감축 사업 촉진과 더불어 외부사업 인증실적과 상쇄배출권의 공급이 증가하게 된다.

3. 프로젝트 유형

온실가스 감축 프로젝트 진행 시 톤당 감축 원가인 한계감축비용(MAC, Marginal Abatement Cost)을 산정한 후 손익분기점 이상의 가격대에서 매도해야 한다. 프로젝트 개발자들은 프로젝트 진행에 앞서 순현금흐름, 순현재가치 및 감축량에 대한 경제성 분석이 선행되어야 한다.

한계감축비용(MAC, Marginal Abatement Cost)이란 온실가스 1톤을 줄이는 데 드는 비용으로 온실가스 감축에 필요한 초기 투자비용 및 운영 유지비용으로 정의되며 한계저감비용(MAC)는 온실가스 감축 투자 비용, 투자 수익, 금리(할인율), 온실가스 감축량 데이터를 이용해 산정하게 된다.

대부분 감축 프로젝트들은 투자 기간이 중장기적인 투자로 투자 비용 및

투자 수익에 대한 미래 현금흐름(미래가치)을 금리(할인율)로 할인하는 현재가
치화 과정이 필요하다.

[자료 2-15] 프로젝트별 자발적 탄소크레딧 가격

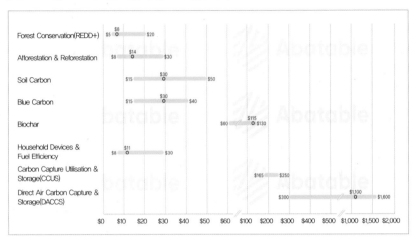

4. 탄소크레딧 발급연도

탄소크레딧의 발급일이 많이 경과된 탄소크레딧은 시장에서 할인되어 거
래된다. 탄소크레딧의 잔존 유효기간이 짧은 관계로 프리미엄을 기대할 수
없어 낮은 가격으로 매매가 이루어진다.

결국, 잔존이 짧을수록 리스크에 대한 노출은 작게 되고 최근 발급된 탄소
크레딧은 리스크 노출이 큰 만큼, 높은 가격대에서 거래되면서 높은 가격 변
동성을 보인다.

[잔존 기간이 긴 탄소크레딧을 가격이 높게 유지하는 이유는?]

- 장기적인 탄소중립 보장

잔존 기간이 긴 탄소크레딧은 더 오랜 기간 탄소중립을 보장한다. 이는 크레딧을 구매하는 기관이나 기업이 장기적인 환경 목표를 달성하기 위해서는 장기적인 탄소중립 보장이 필요한 관계로 듀레이션이 긴 탄소크레딧을 선호하기 때문이다. 따라서 잔존 기간이 긴 크레딧은 이러한 장기적인 탄소중립 목표를 달성하기 위한 필수적인 자산으로 간주된다.

- 탄소크레딧 투자 가치

잔존 기간이 긴 탄소크레딧은 투자 가치가 높다. 잔존 기간이 길면 해당 크레딧은 더 오랜 기간 가치를 유지하고, 따라서 투자자들에게 더 큰 수익을 제공할 수 있다. 이에 따라 잔존 기간이 긴 탄소크레딧은 더 높은 가격을 유지할 수 있다.

- 수요와 공급 균형

잔존 기간이 긴 크레딧은 수요와 공급의 균형을 유지하기 위해 더 높은 가격을 요구할 수 있다. 수요가 공급을 초과하는 경우에는 잔존 기간이 긴 크레딧이 더 높은 가격을 유지할 수 있다. 이는 수요자들이 장기적인 탄소중립을 보장하는 데 더 많은 관심을 가지고 있기 때문이다.

따라서 잔존 기간이 긴 탄소크레딧을 가격이 높게 유지하는 주요 이유는 장기적인 탄소중립 보장, 크레딧의 투자 가치, 그리고 수요와 공급의 균형을 유지하기 위함이다.

5. 제거 크레딧 vs. 회피 크레딧

완화(Mitigation) 크레딧은 탄소 제거의 직·간접적 효과에 따라 감축 (Reduction)·회피(Avoidance) 기술과 제거(Removal) 기술로 나뉘고, 기술을 적용하는 대상이나 원천의 종류에 따라 자연기반 솔루션과 기술기반 솔루션으로 구분되기도 한다.

감축(Reduction) 크레딧은 배출량 제한이나 배출원의 조정 등을 통해 오염물질의 배출을 제한하는 활동이나 과정으로, 감축 활동이 없을 경우의 베이스라인 배출량 대비 인위적인 감축 활동을 통해 온실가스 배출량을 줄이는 것을 의미한다.

[자료 2-16] 자발적 탄소크레딧 분류

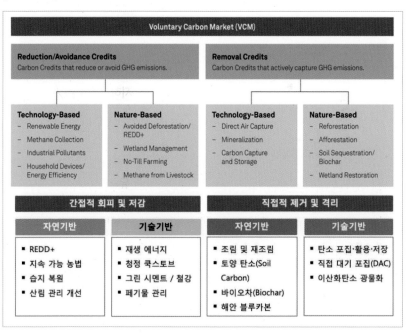

출처 : S&P Global, Carbon View, NAMU EnR, 금융공학 & 리서치센터

회피(Avoidance) 크레딧은 다양한 감축 활동을 통해 대기 중 온실가스를 감축하거나 회피하는 활동으로 고(高)탄소배출활동을 저(低)탄소배출활동으로 대체해 배출량을 감소시키는 것을 의미한다. 에너지 효율 제고, 에너지 절약 강화, 비(比) 화석 에너지원(신·재생에너지)으로 전환하는 활동 등이 포함된다.

제거(Removal) 크레딧은 감축사업을 통해 대기 중의 온실가스를 제거하는 것으로 감축 사업이 제거한 탄소량에서 감축사업이 발생시킨 배출량 및 베이스라인 배출량을 제외한 탄소량 또는 이미 배출되어 대기 중에 존재하는 이산화탄소를 일정 기간 다른 물질(식생, 토양, 광물, 해양, 제품 등)에 저장하는 것을 의미한다.

[자료 2-17] 자발적 탄소크레딧 시장 현황 및 전망

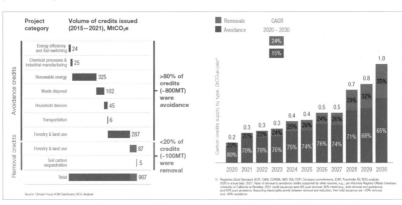

출처 : The voluntary carbon market : 2022 insights and trends, Shell & BCG

자발적 크레딧 시장에서 제거 크레딧 가격은 회피 크레딧 가격 대비 높은 가격에서 거래된다. 구조적으로 제거 크레딧은 감축 원가인 한계감축비용(MAC)이 고가이고, 이에 따른 공급 부족은 프리미엄 형성과 함께 높은 가격대에서 거래된다.

그동안 자발적 탄소시장에서는 상대적으로 공급이 많고 가격이 저렴한 회피 크레딧에 대한 매수세가 많았다. 그러나 최근 붉어진 그린워싱(크레딧 품질) 문제가 부각되면서 약세 움직임을 보이고 있다. 상대적으로 그린워싱의 문제로부터 자유로운 제거 크레딧의 가격은 상승세를 나타내고 있다.

[자료 2-18] 자발적 탄소크레딧 유형별 평균 가격

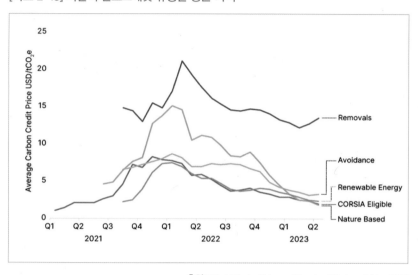

출처 : World Bank, State and Trends of Carbon Pricing 2023

[자연기반 프로젝트와 기술기반 프로젝트 간의 가격 차이가 발생하는 이유는?]

비용 구조의 차이 : 자연기반 프로젝트는 자연 생태계를 보호하거나 복원해 탄소를 흡수하거나 저장하는 데 중점을 둔다. 이러한 프로젝트의 구현은 종종 상대적으로 낮은 비용으로 이루어질 수 있다. 반면, 기술기

반 프로젝트는 기술적 솔루션을 도입하고 운영하기 위해 높은 초기 투자 및 유지 보수 비용이 필요하다.

효율성 및 효과성의 차이 : 자연기반 프로젝트와 기술기반 프로젝트는 탄소 저감의 목적을 달성하기 위한 방법이 다르다. 자연기반 프로젝트는 자연 생태계의 복원이나 보호를 통해 탄소를 흡수하거나 저장한다. 반면, 기술기반 프로젝트는 기술적 솔루션을 사용해 탄소배출을 줄이거나 제로화한다. 이러한 다양한 방법의 효율성과 효과성의 차이는 가격에 영향을 미친다.

추가 가치 및 사회적 이해도 : 자연기반 프로젝트는 종종 지속가능한 생태계를 보존하거나 회복함으로써 환경 편익을 제공한다. 이러한 추가 가치는 자연기반 프로젝트의 가격을 높일 수 있다. 또한, 기술기반 프로젝트는 탄소배출 감소 외에도 다른 경제적 편익을 제공한다.

규제 및 시장 수요 : 규제 및 시장 수요는 자연기반 프로젝트와 기술기반 프로젝트의 가격에 영향을 미칠 수 있다. 일부 규제는 특정 유형의 탄소크레딧에 대한 가격을 상승시키거나 하락시킬 수 있다. 또한, 시장 수요에 따라 특정 유형의 탄소크레딧의 가격이 변동된다.

6. 지속가능 발전 관련 인증서

CCB(Climate, Community & Biodiversity) 또는 SDVista(Sustainable Development Verified Impact Standard)와 같은 지속가능 발전 프로젝트 인증서는 탄소 감축뿐만 아니라 사회 환경적 측면에서 긍정적인 효과로 프리미엄이 형성된다.

따라서 다른 자발적 탄소크레딧 가격에 비해 상대적으로 높은 가격대에서 거래된다. CCB 프로그램은 농업, 임업, 토지 이용 (AFOLU, Agriculture, Forestry and Other Land Use) 프로젝트가 해당되며 SDVista는 지속가능한 개발 목표에 대한 기여한 프로젝트들이 해당된다.

7. 프로젝트 품질 및 개발자 평판

온실가스 감축 프로젝트 개발자는 자발적 크레딧에 대한 발행자로 재무적인 안정성과 함께 명성, 평판이 매우 중요하다. 또한, 프로젝트에 대한 품질과 함께 진행과 관련해 프로젝트 완성도 요인 등도 크레딧 가격에 영향을 미친다.

대부분의 감축 프로젝트들의 중장기 투자 기간인 점을 고려할 때, 프로젝트 개발자에 대한 신뢰성은 프로젝트의 성공 여부를 결정짓는 매우 중요한 요인이 된다. 양질의 신용과 평판은 높은 가격을 요구할 수 있다.

8. 지역 및 국가

대부분의 온실가스 감축 투자는 개도국에서 진행됨에 따라 프로젝트에 대한 리스크 노출은 큰 상태다. 동일한 온실가스 감축 프로젝트임에도 불구하고 개도국에서 발행되고 유통되는 크레딧은 리스크를 반영해 낮은 가격대에서 형성된다. 그러나 자발적 탄소크레딧이 규제적 탄소시장과 연계되어 있는 국가의 경우 양시장 간 가격 동조화는 강화된다.

9. 도매가격 vs. 소매가격

도매가격은 자발적인 탄소시장 거래소 및 플랫폼(예 : CBL Xpansiv, Air Carbon 거래소)에서 실시간으로 반영된다. 대부분 은행, 대기업 및 기관에서 대량 거래(약 5,000tCO₂eq 이상)가 이루어진다. 반면, 소규모 거래는 거래 빈도가 낮은 관계로 도매가격 대비 높은 가격대에서 매매가 이루어진다.

10. 거래량

자발적 탄소배출권 시장에서 거래되는 크레딧 및 오프셋의 경우 프로젝트 개발자 및 중개업자들이 기존 매입량 혹은 계약된 물량을 초과해 추가 구매할 경우 발행 및 유통가격 대비 일정 폭 할인된 가격에서 매매된다. 일반적으로 정상적인 시장에서 거래량의 증가는 가격의 상승을 촉발시킨다. 최근 자발적 탄소시장은 거래량 급감과 함께 크레딧의 가격 또한 약세 움직임을 보이고 있다.

[그린워싱(Greenwashing) 10가지 유형]

그린워싱은 기업이 잘못된 인상을 주거나 제품이나 관행이 얼마나 지속 가능한지에 대해 오해의 소지가 있는 정보를 제공하는 것을 말한다. 친환경 제품과 서비스에 대한 증가하는 수요를 이용하려는 기만적인 마케팅 전략이다.

1. 허위 청구
이것은 주장이 명백한 거짓말인 가장 간단한 유형의 그린워싱이다. 예를 들어, 국제적으로 인정받는 환경단체에 의해 승인되었다고 거짓 주장하는 제품이 이 범주에 속한다.

2. 잘못된 방향 및 선택적 공시
이러한 형태의 그린워싱은 제품이 다른 중요한 환경 문제에 주의를 기울

이지 않고 좁은 일련의 속성에 기초해 '녹색'임을 시사한다. 예를 들어, 지속가능하게 수확되는 숲에서 생산된 종이는 녹색으로 간주되지만, 종이 제조 과정이 매우 오염되고 온실가스 배출을 한다면 환경적인 이익은 상쇄될 수 있다.

3. 환경에 대한 혜택 과장

여기에는 지속가능성 주장, 정책 또는 기업의 사회적 책임 보고서의 진행 상황을 지나치게 과장하는 것이 포함된다. 정보는 진실에 근거할 수 있지만, 대중에게 공개되는 것은 진실이거나 검증될 수 있는 것 이상으로 확장된다. 예를 들어, 재활용 프로그램을 구현하고 프로그램이 회사의 지속가능성을 극적으로 향상시킬 것이라고 말하는 데이터 센터가 있는 기술 회사는 환경에 대한 혜택을 과장하고 있는 것이다. 에너지 사용은 회사의 가장 중요한 영향일 가능성이 높으며, 재활용은 회사의 전반적인 지속가능성에 상당한 영향만 미칠 것이다.

4. 모호함

이런 유형의 그린워싱은 소비자가 그 진정한 의미를 쉽게 오해할 수 있을 정도로 모호하거나 광범위한 주장이 제기되었을 때 발생한다. 예를 들어, '천연'이라는 용어는 자주 사용되지만 자동적으로 안전하거나 친환경적인 것과 동일시되지 않기 때문에 오해의 소지가 있다. 예를 들어, 비소는 천연 원소이지만 대량으로 인간의 건강과 환경에 해롭다.

5. 관련 없는 환경 주장

무관성은 환경적 주장이 진실일 수 있지만, 환경적으로 선호하는 제품을 찾는 소비자에게 중요하지 않거나 도움이 되지 않을 때 발생한다. 한 예는 이미 법으로 CFC가 금지되어 있을 때 제품이 'CFC 프리'라고 주장하는 것이다. 제품은 단지 필요한 최소한을 충족할 수 있다.

6. 증명 부족

이 죄를 범한 기업들은 쉽게 입증할 수 없거나 근거가 부족한 환경적 주장을 한다. 어떠한 근거 정보나 인증도 제공하지 않고 재활용 소재로 만들어졌다고 주장하는 제품이 그 예가 될 것이다.

7. 덜 '친환경적인' 대안과 비교

일부 회사들은 비슷한 '덜 친환경적인' 옵션들과 비교해 그들의 제품이 '친환경적'이라고 제안한다. 이것은 실제로 제품이 지속가능하다는 것을 증명하지는 않는다. 그것은 단지 그것이 이용 가능한 가장 지속가능한 옵션이 아니라는 것을 의미한다.

8. 오해의 소지가 있는 비주얼 또는 그래픽

이미지는 제품의 환경적 이점에 대해 잘못된 인상을 줄 수 있다. 이것은 환경 오염에 기여하고 실제로 환경에 해를 끼치는 제품의 자연 사진을 포함할 수 있으며, 친환경적이라는 오해를 불러일으킬 수 있다.

9. 기업 목표의 변화

이러한 유형의 그린워싱은 소비자를 마주하기보다는 기업의 지속가능성에 초점을 맞춘다. 그것은 목표를 달성하기 전에 지속가능성 목표를 변경하거나, 목표를 더 달성할 수 있게 만들거나 목표를 완전히 제거하는 것과 같은 관행을 포함한다. 회사는 지속가능성 목표를 발표하는 초기 이익을 활용하지만, 잠재적으로 달성하지 못한 것에 대한 책임을 회피한다.

10. 가짜 인증

이는 브랜드가 유효한 제3자 인증을 보유하고 있지만 실제로는 보유하고 있지 않다는 것을 의미하는 경우다. 이 전략의 가장 일반적인 형태 중

하나는 회사가 디자인하고 실제 가치가 없는 '녹색 제품'과 같은 것을 나타내는 제품에 잘못된 라벨을 사용하는 것이다. 이것은 마케팅 전략일 뿐 그 이상은 아니다.

※ 출처 : https://energytracker.asia/types-of-greenwashing

[자료 2-19] 국내 자발적 탄소시장 현황

산업통상자원부 한국에너지공단	농림축산식품부 한국농업기술진흥원	환경부 온실가스종합정보센터	산림청 산림탄소센터	대한상공회의소 탄소감축인증센터
온실가스 감축 정부 구매사업	농업 농촌 자발적 온실가스 감축사업	외부사업인증실적	산림탄소등록부	Centero
▪ 운영 기간 - 2007년~2015년 ▪ 사업 범위 - 국내 산업, 발전 ▪ 감축량 - 1,514만 톤 ▪ 톤당 매매가격 - 5,000원~12,000원	▪ 운영 기간 - 2012년~현재 ▪ 사업 범위 - 국내 농업 ▪ 감축량 - 13.1만 톤 ▪ 톤당 매매가격 - 10,000원	▪ 운영 기간 - 2015년~현재 ▪ 사업 범위 - 국내 ETS 업종 ▪ 인증량 - 4,961만 톤 ▪ 톤당 매매가격 - KAU 가격 연동	▪ 운영 기간 - 2015년~현재 ▪ 사업 범위 - 국내 산림 ▪ 인증량 - 4.1만 톤 ▪ 톤당 매매가격 - 10,000원~15,000원	▪ 운영 기간 - 2023년~현재 ▪ 사업 범위 - 국내 전 업종 ▪ 인증량 - 19.2만 톤 ▪ 톤당 매매가격 - ESG 대응

출처 : 산업부, 농축산부, 환경부, 산림청, 대한상의, NAMU EnR

PART 3

프로젝트 개발자

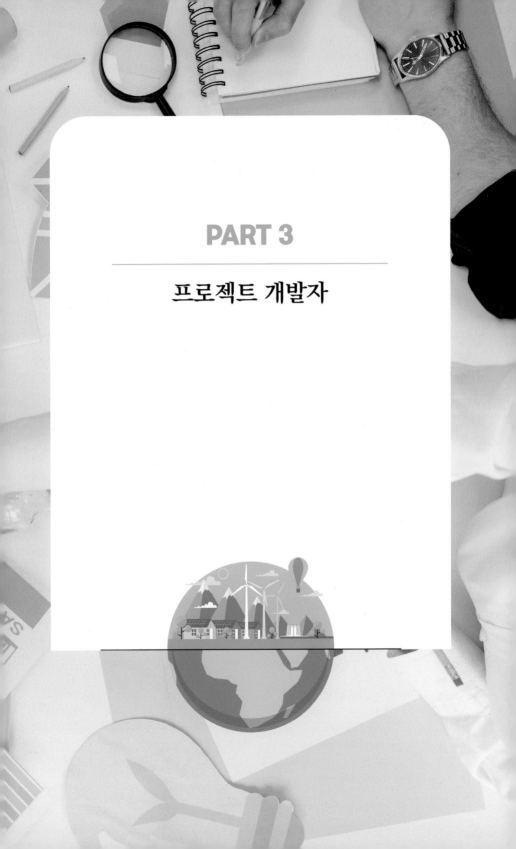

프로젝트 개발자

글로벌 자발적 탄소시장은 온실가스 배출량을 줄이거나 제거하기 위한 프로젝트를 시작하고 실행하는 다양한 프로젝트 개발자가 있다. 이들 개발자는 탄소시장에서 거래될 수 있는 탄소크레딧을 생성하는 데 중요한 역할을 한다. 주요한 프로젝트 개발자로는 다음과 같은 기관들이 있다.

재생에너지 개발자 : 풍력, 태양광 발전소 및 수력 발전소 등 재생 가능 에너지 프로젝트를 개발하는 기업 및 기관은 화석연료 기반의 에너지 생산을 대체함으로써 배출량을 감축한다.

조림 및 재조림 프로젝트 : 산림을 심는(이전에 산림이 없던 땅에 나무를 심는) 식목 및 재조림(이전에 산림이 있던 땅에 다시 나무를 심어 숲을 만듦)에 중점을 둔 기관들은 나무 성장을 통해 이산화탄소를 대기로부터 흡수한다.

에너지 효율 컨설턴트 : 에너지 효율에 특화된 컨설턴트 및 기업들은 건물, 산업 프로세스, 교통 등에서 에너지 효율을 개선하는 프로젝트를 수행해 탄소배출을 감축한다.

메탄 포획 및 폐기물 관리 기업 : 매립지, 가축 운영 및 하수 처리 시설에서 메탄이라는 강력한 온실가스의 대기로의 배출을 방지하기 위해 메탄 포획에 관련된 회사들이 활동한다.

청정 쿡스토브 프로젝트 : 개발도상국에서 깨끗하고 효율적인 조리용품 사용을 촉진하는 조직들은 전통적인 바이오매스 조리 방법으로부터의 배출을 줄인다.

탄소 농업 및 농업 관행 : 보전 경작, 작물 번식 및 재배 표면 등의 탄소 농업 기술을 채택한 농업 프로젝트는 토양에 탄소를 저장하면서 지속가능한 농업 관행을 촉진한다.

탄소 포집 및 저장(CCS) 개발자 : 탄소 포집 및 저장 기술을 연구하고 개발하는 회사들은 산업 프로세스 및 온실가스 다배출 업종으로부터 이산화탄소 배출을 포획해 지하에 저장하는 사업을 진행한다.

이러한 프로젝트 개발자들은 규모, 전문성 및 지역적 초점에 따라 다양하며, 모두 탄소시장에서 배출 감축 또는 제거 활동을 통해 탄소크레딧을 생성한다.

1. Ecosecurities

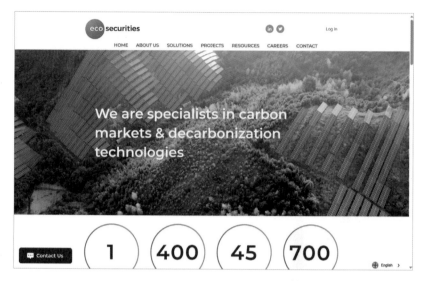

https://www.ecosecurities.com

2. South Pole

https://www.southpole.com

3. FiniteCarbon

https://www.finitecarbon.com

4. UNDO

https://un—do.com

5. InfiniteEARTH

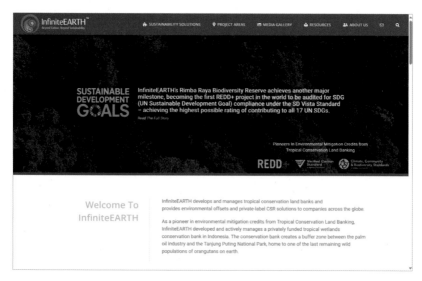

https://infinite-earth.com

6. Living Carbon

https://www.livingcarbon.com

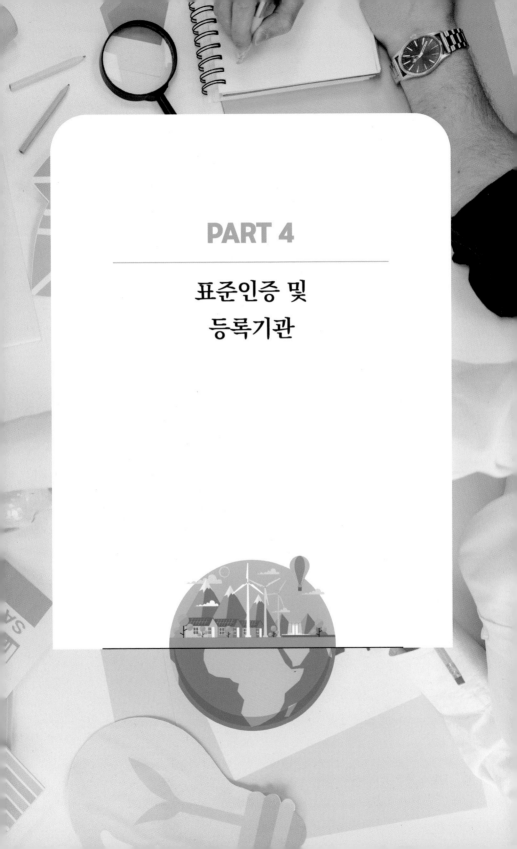

PART 4

표준인증 및
등록기관

표준인증 및 등록기관

자발적 탄소크레딧 시장의 표준기관과 등록기관은 탄소크레딧 확보를 위한 감축 프로젝트를 표준화하고, 탄소크레딧의 발행, 거래 및 추적을 관리하는 역할을 담당한다. 이들은 시장의 신뢰성과 투명성을 유지하고, 환경적 이익을 추구하는 데 필수적인 역할을 수행한다.

표준기관은 자발적 탄소크레딧 시장에서 사용되는 표준을 제정하고 유지하는 역할을 한다. 이러한 표준은 탄소 오프셋 프로젝트의 설계, 실행, 검증 및 보고에 대한 지침을 제공해 시장의 일관성과 신뢰성을 보장한다.

표준기관은 시장의 요구 사항에 따라 감축 프로젝트에 대한 표준을 제정하고 표준을 기반으로 프로젝트를 검토하고 인증해 탄소크레딧의 신뢰성을 보장한다. 또한, 시장 참여자들에게 표준 및 프로젝트 개발에 대한 지침과 관련 자료를 제공해 시장의 투명성을 증진시킨다.

등록기관은 탄소크레딧의 발행, 소유권 이전, 거래 및 소멸을 추적하고 관리하는 역할을 한다. 이들은 크레딧의 유효성을 검증하고 거래의 투명성을 유지해 시장의 신뢰성을 제고시킨다. 등록기관은 발행된 탄소크레딧을 등록하고 관리해 각 크레딧의 유효성을 추적관리한다. 또한, 등록기관은 탄소 레딧의 소유권 이전을 처리하고 각 거래의 세부 사항을 기록한다.

등록기관은 탄소크레딧의 소멸을 추적해 사용된 크레딧을 식별하고 시장에서의 유효성을 보장한다. 결국, 표준기관과 등록기관은 자발적 탄소크레딧 시장의 규제와 투명성을 유지하고, 환경적 이익을 추구하는 데 중요한 역할을 담당한다.

1. Verified Carbon Standard(VCS)

- 설립 : 2006년
- 본사 : 워싱턴 D.C., 미국
- 직원 : 약 200명
- 대표 : David Antonioli
- 주요 사업 분야

  탄소중립 기준인 VCS(Verified Carbon Standard)를 개발 및 관리

  VCS 기준을 기반으로 탄소배출량 감축 프로젝트를 검증하고 인증

  탄소배출량을 감축했는지 확인하고, 감축량을 정량화해 탄소크레딧 발급

  VCS 기준에 따라 발급된 탄소크레딧의 거래를 위한 플랫폼을 운영

  플랫폼을 통해 탄소크레딧을 매매 및 탄소배출량을 상쇄업무
- 탄소크레딧 발급 실적

  2006년 : VCS 프로그램 시작

2010년 : 누적 발급 탄소크레딧 1억 톤 달성

2015년 : 누적 발급 탄소크레딧 5억 톤 달성

2020년 : 누적 발급 탄소크레딧 8억 톤 달성

2022년 : 누적 발급 탄소크레딧 10억 톤 달성

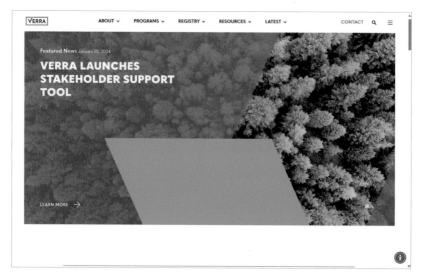

https://verra.org

2. Gold Standard(GS)

- 설립 : 2003년

- 본사 : 미국 워싱턴 D.C.

- 대표 : 마크 카니(Mark Carney)

- 직원 : 200명 이상

- 주요 사업 분야

탄소중립 솔루션 제공 : 기업 및 정부 기관의 탄소배출량 감축 목표 달성을

지원

탄소배출량 검증 및 인증 : 탄소배출량 감축 프로젝트의 신뢰성 검증 및 인증

탄소크레딧 발급 : 탄소배출량 감축 프로젝트에 대한 탄소크레딧 발급

탄소시장 분석 및 자문 : 탄소시장 동향 분석 및 투자 자문업무

- 탄소크레딧 발급 실적

발급량 : 2023년 기준 누적 1억 톤 이상 탄소크레딧 발급

아마존 열대우림 보호 프로젝트

태양광 발전 프로젝트

에너지 효율 개선 프로젝트

아프리카 30%

아시아 40%

남미 20%

유럽 10%

https://www.goldstandard.org

3. Climate Action Reserve(CAR)

- 설립 : 2006년

- 본사 : 미국 캘리포니아주 로스앤젤레스

- 대표 : 리사 잭슨(Lisa Jackson)

- 직원 : 100명 이상

- 주요 사업 분야

　기업 및 정부 기관의 탄소배출량 감축 목표 달성 지원

　탄소배출량 감축 프로젝트의 신뢰성 검증 및 인증

　탄소배출량 감축 프로젝트에 대한 탄소크레딧 발급

　탄소시장 동향 분석 및 투자 자문

https://www.climateactionreserve.org

- 탄소크레딧 발급 실적

  발급량 : 2023년 기준 누적 5천만 톤 이상 탄소크레딧 발급

  미국 서부 산림 보호 프로젝트

  태양광 발전 프로젝트

  에너지 효율 개선 프로젝트

  미국 70%

  유럽 20%

  아시아 10%

4. American Carbon Registry(ACR)

- 설립 : 2006년
- 본사 : 미국 캘리포니아주 샌프란시스코
- 대표 : 벤 닥터(Ben Daktari)
- 직원 : 50명 이상
- 주요 사업 분야

  기업 및 정부 기관의 탄소배출량 감축 목표 달성 지원

  탄소배출량 감축 프로젝트의 신뢰성 검증 및 인증

  탄소배출량 감축 프로젝트에 대한 탄소크레딧 발급

  탄소시장 동향 분석 및 투자 자문
- 탄소크레딧 발급 실적

  2023년 기준 누적 3천만 톤 이상 탄소크레딧 발급

  미국 동부 산림 보호 프로젝트

  풍력 발전 프로젝트

에너지 효율 개선 프로젝트

미국 80%

유럽 10%

아시아 10%

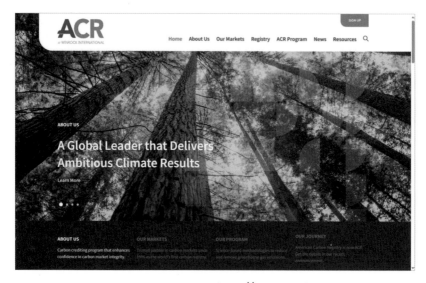

https://www.americancarbonregistry.org

5. Puro.Earth

- 설립 : 2018년

- 본사 : 미국 캘리포니아 샌프란시스코

- 대표이사 : 앤드루 맨골드(Andrew Mangold)

- 직원 수 : 11~50명(LinkedIn 기준)

- 모기업 : 나스닥(Nasdaq)

- 주요 사업 분야

장기적인 대기 CO_2 저장을 위한 검증된 제거 인증서(CORC) 발급

2023년 12월 기준, 40개 이상의 기업 고객과 협력, 80만 톤 이상의 CO_2 제거 지원

2022년에는 탄소제거 프로젝트에 투자할 수 있도록 'Puro.Earth Marketplace' 출시

- 탄소크레딧 발급 실적

2021년 : 20만 톤 CO_2

2022년 : 40만 톤 CO_2

2023년 : 80만 톤 CO_2

북미 : 40만 톤 CO_2(50%)

유럽 : 20만 톤 CO_2(25%)

아시아 : 10만 톤 CO_2(12.5%)

남미 : 5만 톤 CO_2(6.25%)

아프리카 : 5만 톤 CO_2(6.25%)

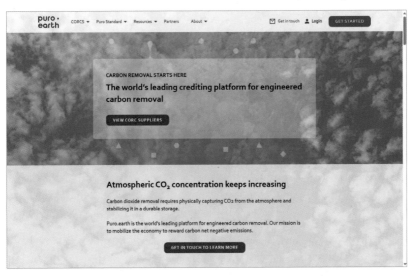

https://puro.earth

매커니즘 명	운영 주체 및 설립년도	Credit Name	내용	해당 크레딧 인정 이니셔티브
VCS (Verified Carbon Standard)	Verra (2005)	Verified Carbon Units (VCUs)	자발적 감축 시장의 크레딧 발행 1위 기업. 1,791개 이상의 인증프로젝트를 통해 9억 톤 이상의 온실가스 배출량 감축에 기여. 다양한 프로그램 및 이니셔티브 운영 중. 2020년 기준 전 세계 72개국에 걸쳐 탄소 상쇄 사업을 운영	Colombia carbon tax, CORSIA, South Africa carbon tax
GS (Gold Standard)	Gold Standard Secretariat (2003)	Verified Emission Reductions (VERs)	지속가능 성장에 대한 기여를 고려한 'Gold Standard for Global Goals'라는 표준 체계를 마련하고 이행. VCS에 이어 두 번째로 규모가 큰 독립 메커니즘으로 2020년 기준 전 세계 72개국에 걸쳐 1,249개의 등록 사업을 운영	Colombia carbon tax, CORSIA, South Africa carbon tax
CAR (Climate Action Reserve)	Climate Action Reserve (2001)	Climate Reserve Tons (CRTs)	2001년 캘리포니아주에 의해 설립. 2020년 기준 전 세계 2개국에 274개의 등록 사업을 운영	CORSIA, Washington State CAR
ACR(American Carbon Redistry)	Winrock Internation (1996)	Emission Reducktion Ton(ERTs)	전 세계 최초로 설립된 자발적 상쇄를 위한 독립 매커니즘. 2020년 기준 전 세계 5개국에 122개의 등록 사업을 운영	CORSIA, Washington State CAR

출처 : 한국투자증권

[CORSIA 적격 표준인증 및 등록기관]

CORSIA의 2050년까지의 온실가스 감축 목표인 21.2 기가톤은 국제민간항공기구(ICAO)가 항공 부문의 지속가능한 발전을 위해 설정한 목표다. 이 목표는 전 세계적으로 항공 부문이 기여하는 온실가스 배출을 감소시키는 것을 목표로 한다.

CORSIA는 다양한 감축 방법을 채택한다. 그중에는 다음과 같은 것들이 있다.

- 엔진 기술 개선 : 항공기의 연료 효율성을 높이는 엔진 기술의 개선은 항공 업계에서 온실가스 배출을 줄이는 데 큰 역할을 한다. 더 효율적

인 엔진은 연료 소비를 줄여 온실가스 배출량을 감소시킨다.

- 항공업체의 운영 및 경영 개선 : 항공업체는 비행 경로 최적화, 적정 속도 유지, 접근 방식 개선 등을 통해 연료 소비를 줄일 수 있다. 또한 신규 항공기를 도입함으로써 더 효율적인 운영을 실현할 수 있다.

- 신재생에너지 사용 : 항공업체는 신재생에너지를 사용해 항공 운송의 온실가스 배출을 줄일 수 있다. 예를 들어, 생물 연료와 같은 대체 연료의 사용이 이러한 노력의 일환으로 이루어진다.

- 탄소 오프셋 프로그램 : CORSIA는 탄소 오프셋 프로그램을 통해 항공 부문의 온실가스 배출을 상쇄한다. 항공업체는 탄소 오프셋 크레딧을 구매해 배출량을 상쇄하고, 탄소중립 상태를 유지할 수 있다.

〈CORSIA 2050 감축 목표〉

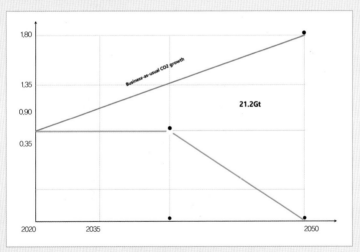

- CORSIA Eligible Emissions Units for the 2021~2023 Compliance Period (Pilot Phase), by Programme

- American Carbon Registry(ACR)
- Architecture for REDD+ Transactions(ART)
- BioCarbon Fund for Sustainable Forest Landscapes(ISFL)
- China GHG Voluntary Emission Reduction Program
- Clean Development Mechanism(CDM)
- Climate Action Reserve(CAR)
- Forest Carbon Partnership Facility(FCPF)
- Global Carbon Council(GCC)
- The Gold Standard(GS)
- SOCIALCARBON
- Verified Carbon Standard(VCS)

- CORSIA Eligible Emissions Units for the 2024~2026 Compliance Period (First Phase), by Programme
  - American Carbon Registry(ACR)
  - Architecture for REDD+ Transactions(ART)

〈CORSIA 감축 수단〉

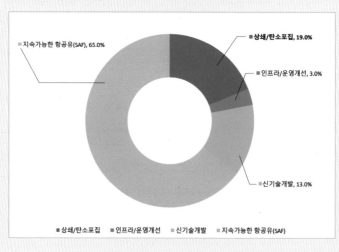

[CORSIA 탄소배출권 적격 기준]

1. 탄소상쇄프로그램은 배출 감축, 배출 방지 또는 탄소격리(seque stration)을 나타내는 배출권을 추가적으로 생성해야 한다.

2. 탄소배출권은 실제적이고 계산 가능한 베이스라인을 기준으로 해야 한다.

3. 탄소배출권은 정량 가능하며, 모니터링 및 보고, 검증이 가능해야 한다.

4. 탄소상쇄배출권은 상쇄 프로그램 안에서 명확하고 투명하게 관리되어야 한다.

5. 탄소감축이 영구적이어야 한다.

6. 시스템은 실질적인 탄소 누출을 평가하고 누출을 완화할 수 있는 조치가 포함되어야 한다.

7. 완화 의무에 한 번만 집계되어야 하며 중복발급, 중복사용, 중복청구 등을 피할 수 있는 방안이 마련되어야 한다.

8. 탄소상쇄배출권은 최종적/순손해를 일으키지 않는 프로젝트의 배출 감소, 배출 방지 또는 탄소 격리를 나타내야 한다.

※ 출처 : CORSIA Emissions Unit Eligibility Criteria, ICAO

CORSIA ELIGIBLE EMISSIONS UNITS[2]

The following Emissions Unit Programmes are approved by the ICAO Council to supply CORSIA Eligible Emissions Units for the 2021~023 compliance period (pilot phase) and/or the 2024~026 compliance period (first phase), as described in sections I and II, respectively (below). This ICAO document also identifies the registries designated by CORSIA Eligible Emissions Unit Programmes for the purpose of fulfilling the provisions set out in the CORSIA-related ICAO Standards and Recommended Practices1. CORSIA Eligible Emissions Units are identified as such by each Emissions Unit Programme, according to each programme's respective Scope of Eligibility referred to in this ICAO document, including to reflect Eligible Unit Dates and any specifications regarding activity2 and/or unit types, methodologies, programme elements, and/or procedural classes.

CORSIA Eligible Emissions Units for the 2021-2023 Compliance Period (Pilot Phase), by Programme

① American Carbon Registry(ACR)

Programme-designated Registry: ACR Registry3

---

2) ICAO, CORSIA Eligible Emissions Units, November 2023

https://americancarbonregistry.org/how-it-works/membership

② Architecture for REDD+ Transactions(ART)

Programme-designated Registry: ART Registry3

https://www.artredd.org/art-registry

③ BioCarbon Fund for Sustainable Forest Landscapes(ISFL)

Programme-designated Registry : Carbon Assets Tracking System
(CATS)3

https://cats.worldbank.org

④ China GHG Voluntary Emission Reduction Program

Programme-designated Registry : Registry of the GHG Voluntary
Emissions Reduction Program3,7

http://registry.ccersc.org.cn/login.do

⑤ Clean Development Mechanism(CDM)

Programme-designated Registry : CDM Registry3,8

https://cdm.unfccc.int/Registry/index.html

United Nations Voluntary Cancellation Platform3

https://offset.climateneutralnow.org

⑥ Climate Action Reserve(CAR)

Programme-designated Registry : Climate Action Reserve
Voluntary Offset Project Registry3

https://thereserve2.apx.com/mymodule/mypage.asp

⑦ Forest Carbon Partnership Facility(FCPF)

Programme-designated Registry : Carbon Assets Tracking System
(CATS)3

https://cats.worldbank.org

⑧ Global Carbon Council(GCC)

Programme-designated Registry : Global Carbon Council Registry3

https://mer.markit.com/br-reg/public/public-view/#/account

⑨ The Gold Standard(GS)

Programme-designated Registry : GSF Impact Registry3

https://registry.goldstandard.org/projects?q=&page=1

⑩ SOCIALCARBON

Programme-designated Registry : SOCIALCARBON Registry3

https://www.socialcarbon.org/registry

⑪ Verified Carbon Standard(VCS)

Programme-designated Registry : Verra Registry3

https://verra.org/project/vcs-program/registry-system

CORSIA Eligible Emissions Units for the 2024 -2026 Compliance Period (First Phase), by Programme

① American Carbon Registry(ACR)

Programme-designated Registry : ACR Registry3

https://americancarbonregistry.org/how-it-works/membership

② Architecture for REDD+ Transactions(ART)

Programme-designated Registry : ART Registry3

https://www.artredd.org/art-registry

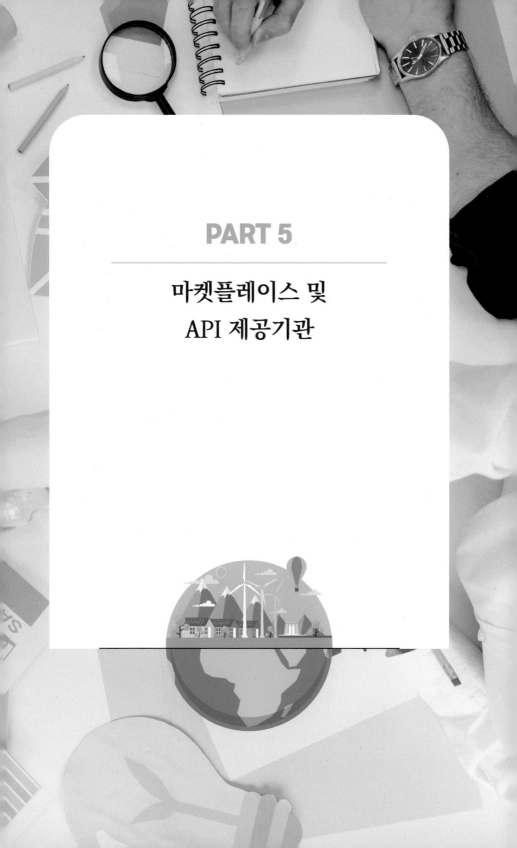

PART 5

마켓플레이스 및 API 제공기관

마켓플레이스 및 API 제공기관

자발적 탄소크레딧 시장은 기업이나 개인이 탄소배출을 줄이기 위해 활동하고 그에 대한 보상을 받을 수 있는 시장이다. 이 시장에서 마켓플레이스는 다양한 탄소크레딧을 거래하는 플랫폼으로, 구매자와 판매자를 연결해 거래가 이루어지는 공간을 제공한다.

마켓플레이스는 탄소크레딧을 거래하기 위한 온라인 플랫폼으로 이를 통해 판매자는 자신의 탄소 저감 프로젝트를 등록하고, 구매자는 필요에 맞는 크레딧을 검색하고 구매할 수 있다.

마켓플레이스는 시장의 투명성을 유지하고 거래의 효율성을 증진하기 위해 다양한 정보(프로젝트 정보, 가격)를 제공한다. 판매자는 마켓플레이스를 통해 자신의 탄소 저감 프로젝트를 홍보하고, 구매자와의 거래를 용이하게 할수 있다. 마켓플레이스는 판매자에게 마케팅 도구나 지원을 제공해 프로모션을 돕는다.

구매자는 마켓플레이스에서 탄소크레딧을 구매함으로써 탄소발자국을 줄이고, 지속가능한 활동을 지원할 수 있다. 마켓플레이스는 구매자에게 필요한 정보를 제공해 최적의 크레딧을 선택할 수 있도록 지원한다. 또한, 마켓플레이스는 안전하고 신뢰할 수 있는 거래를 보장하기 위해 보안 시스템을 갖추고, 거래의 안전을 도모한다.

API 제공자는 이러한 마켓플레이스나 기타 탄소크레딧 관련 서비스에 대해 소프트웨어 API를 제공하는 업체로 이들은 다른 플랫폼이나 애플리케이션에서 탄소크레딧 거래와 관련된 기능을 구현하고자 하는 기관에게 API를 제공한다.

API 제공자는 다른 조직이 탄소크레딧 거래와 관련된 소프트웨어를 개발하고 구현하는 데 필요한 기술적 지원을 한다. 다른 시스템이나 플랫폼에서 탄소크레딧 거래와 관련된 기능을 통합할 수 있도록 API를 제공한다. 또한, 탄소크레딧 시장에 관한 데이터나 정보를 제공하고 보안 및 규정 준수를 유지해 데이터의 안전한 전송 및 처리를 보장한다.

이러한 역할을 통해 마켓플레이스와 API 제공자는 탄소크레딧 시장의 성장과 발전을 촉진하고, 탄소중립적인 경제 모델을 구축하는 데 기여한다.

1. Pachama

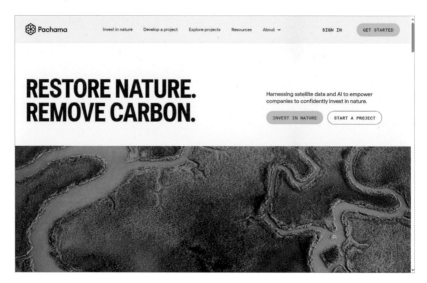

https://pachama.com

2. NCX

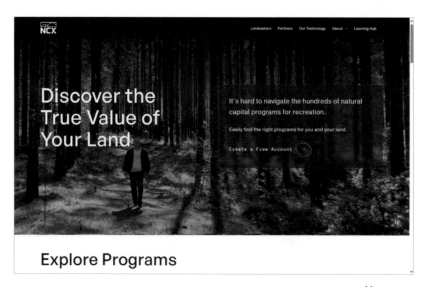

https://ncx.com

3. Ecologi

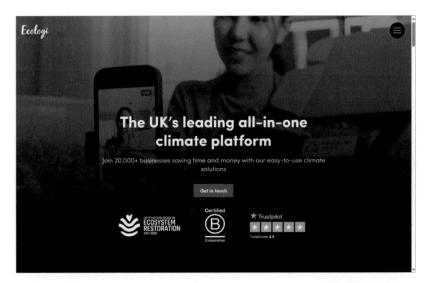

https://ecologi.com

4. Goodcarbon

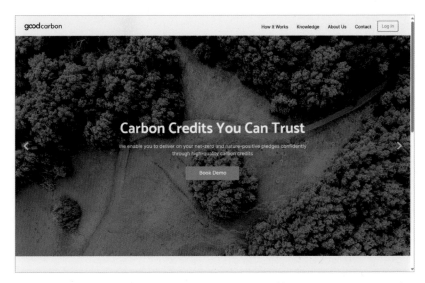

https://www.goodcarbon.earth/en

5. Patch

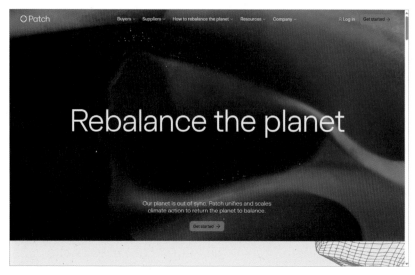

https://www.patch.io

[자발적 탄소시장에서 마켓플레이스의 역할]

1. 프로젝트 목록 : 마켓플레이스는 잠재 구매자를 위한 탄소상쇄프로젝트 정보를 제공한다. 프로젝트들이 자연 기반, 기술 기반, 그리고 회피 프로젝트, 제거 프로젝트 등의 정보를 제공한다.

2. 검증 과정 : 마켓플레이스는 탄소상쇄프로젝트의 진위를 확인하거나 평가하는 메커니즘이 마련되어 있다.

3. 투명성 : 투명성 강화는 대부분의 마켓플레이스가 보증한다. 특히 매매 정보 및 탄소크레딧 소유 정보에 대해 접근이 가능하다.

4. 등록기관 간 탄소크레딧 간 연결 : 특정 플랫폼은 서로 다른 등록기관 간 탄소크레딧을 연결해 매매 및 소각이 가능하다. 연계 과정은 탄소크레딧을 토큰화할 수 있다.

5. 탄소크레딧의 조각 구매 : 마켓플레이스는 구매자가 전체 탄소크레딧 혹은 조각 탄소배출권 매매가 가능하고 시장 참여자의 다양한 상쇄 요건을 충족시킨다.

6. API를 통한 자동화 일부 VCM 플랫폼은 API(Application Programming Interfaces)를 활용해 다양한 프로세스를 자동화한다. 이러한 인터페이스는 플랫폼과 다른 시스템 간의 원활한 데이터 교환을 보장해 프로젝트 정보, 매매 정보, 검증 등의 효율성을 높인다.

7. 탄소배출권 소각 : 구매 시 구매자는 탄소배출권을 소각 여부를 선택할 수 있다. 탄소크레딧이 소각되면 더 이상 매매는 불가능하고, 구매자는 배출권 상쇄 확인서를 수령하다.

8. 탄소 선도 및 옵션 : 마켓플레이스는 탄소 선도 및 옵션 거래가 가능하다. 이러한 기능을 통해 구매자는 할인된 가격에 미래의 탄소배출권을 구입할 수 있으며, 새로운 상쇄프로젝트를 실현하기 위한 재정 지원을 촉진한다.

PART 6

자발적 탄소크레딧과 블록체인

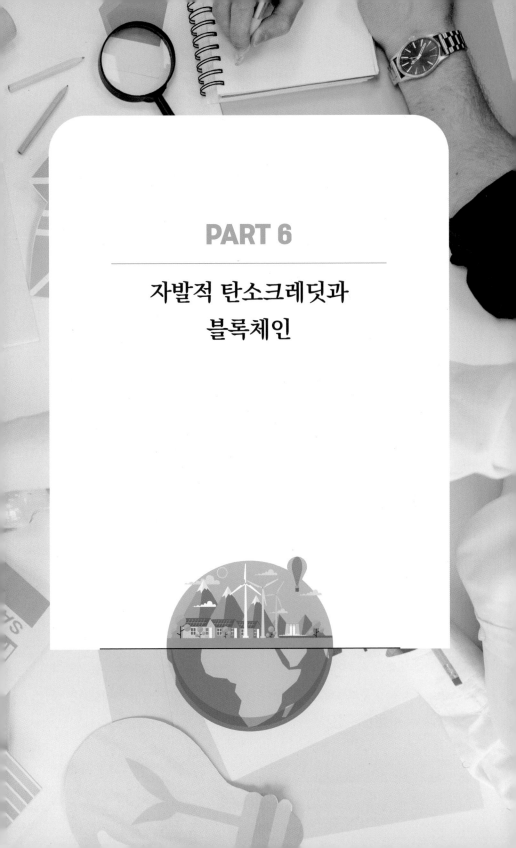

자발적 탄소크레딧과 블록체인

세계 최대 글로벌 자산운용사 블랙록(BlackRock)의 수장 래리 핑크(Larry Fink) CEO는 지난 12월에 '증권의 토큰화가 차세대 증권과 시장을 이끌 것'이라고 밝혔다. 그동안 블록체인에 대해 보수적이었던 전통 금융기업들이 점차 우호적으로 변하고 있다고 하지만 블랙록의 대표가 증권 토큰화라는 기술을 콕 집어서 조명한 것은 상당히 이례적인 일이었다.

토큰화한다는 것은 특정 자산(예 : 주식, 채권, 부동산, 금, 탄소크레딧, 와인, 라이센스, 특허권 등)에 대한 소유권을 디지털 토큰으로 변환한다는 의미다. 멀쩡한 자산을 토큰화하는 이유는 여러 가지가 있는데 대표적으로 다음과 같은 이유를 생각해볼 수 있다.

대표적인 비유동자산인 부동산은 현금이나 주식과는 다르게 자산의 매입과 판매가 쉽게 이루어지지 않는다. 예를 들어 부동산은 내가 팔고 싶어도 거래소에 상장이 불가능하기 때문에 구매자와 판매자가 매칭되기까지 많은 번거로움이 있으며 거래도 즉시 체결되지 않는다.

이런 비유동자산들을 토큰화할 경우 적합한 플랫폼만 생겨난다면 판매자와 구매자가 훨씬 더 쉽게 비유동자산들을 거래할 수 있다. 플랫폼이 생겨나면서 거래가 활발해지는 것은 물론이며 블록체인 기술의 분산장부라는 특성을 활용해 거래내역을 투명하게 기록하고 소유권의 이전(Ownership Transfer)를 쉽고 빠르게 진행하게 되는 것이다.

블록체인 기반 토큰화는 거래의 용이성은 물론이며 거래비용도 줄어들면서 거래비용의 혁신이 일어난다. 특히 토큰 거래는 온라인에서 이루어지기에 거래비용이 많이 발생하는 크로스보더 거래에서 많은 이점이 있을 것으로 판단된다.

유동성 제고 차원에서 토큰화는 자산의 가치와 토큰의 가치가 1:1로 연동되어야 할 필요가 없다는 것이다. 고가의 자산에 대해서는 1:100, 1:1000 등의 비율로 쪼개서 판매할 수 있다.

[자료 6-1] 2030 글로벌 토큰화 시장 성장 전망

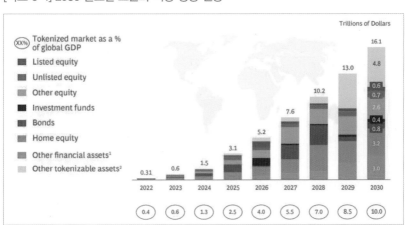

출처 : Boston Consulting Group

이는 전통 금융시장에서도 이미 사용하는 방식인데 예를 들어 Interactive brokers, Fidelity Investments 등 많은 투자 서비스 제공자들이 리테일 고객들을 대상으로 비싼 주식들을 부분매수할 수 있는 상품들을 제공하고 있다(예 : 커피값으로 아마존 주식 투자하기). 1:N의 토큰화는 보다 많은 사람이 가치가 높은 자산에 투자할 기회를 제공한다.

이렇듯 자산의 토큰화는 블록체인 기술을 이롭게 활용할 수 있는 매우 중요한 기술이다. 보스턴 컨설팅 그룹의 리서치에 따르면 2030년까지 전 세계 GDP의 10%, 약 1.6조 달러에 상당하는 자산들이 토큰화될 것으로 전망하고 있다.

전통 금융시장을 생각하면 시장의 탄생은 구매자와 판매자뿐만 아니라 다양한 플레이어들을 유입시킨다. 마켓 메이커, 브로커, 토큰 세일즈, 토큰 애널리스트, 토큰 가치분석 분석툴 제공자 등 다양한 플레이어들이 생겨날 것으로 전망된다.

자발적 탄소시장과 블록체인의 필요성

자발적 탄소크레딧 시장에서의 토큰화는 현재 확장 중인 추세로, 토큰화된 탄소크레딧은 블록체인과 스마트 계약을 활용해 거래되고 관리된다. 탄소크레딧에 대한 토큰화의 필요성은 다음과 같다.

- 효율성 향상 : 토큰화된 탄소크레딧은 블록체인을 통해 실시간 거래가 가능하며, 스마트 계약을 통해 거래 조건에 따라 자동으로 실행될 수 있다. 이는 거래 프로세스의 효율성을 높이고 거래 비용을 절감할 수 있다.

- 투명성 증대 : 블록체인은 탄소크레딧 거래의 투명성을 높여준다. 거래 내역은 블록체인 네트워크에 분산되어 기록되므로 변경이 불가능하며, 거래에 참여하는 모든 당사자가 거래내역을 확인할 수 있다.

- 시장 접근성 향상 : 토큰화된 탄소크레딧은 디지털 자산으로 취급되어 더 넓은 시장 참여자들이 손쉽게 거래에 참여할 수 있다. 이는 시장의 유동성을 증가시키고 시장의 발전을 촉진시킨다.

- 세분화된 소유권 : 토큰화된 탄소크레딧은 작은 단위로 세분화된 소유 권을 부여할 수 있으며, 이는 더 많은 개인이나 기업이 탄소크레딧을 보 유하고 거래할 수 있도록 한다.

- 신뢰성 확보 : 블록체인을 통해 거래의 신뢰성이 확보되며, 탄소크레딧 시장에 대한 신뢰도가 향상된다. 이는 시장 참여자들의 신뢰를 증진시켜 더 많은 거래를 촉진시킨다.

[자료 6-2] 탄소크레딧 토큰화 장점

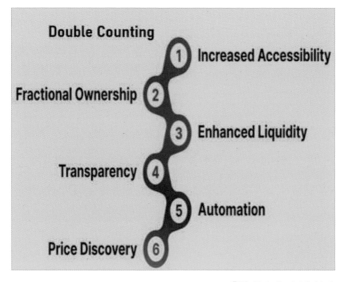

출처 : FasterCapital, SoluLab

탄소크레딧
토큰화 과정

　자발적 탄소크레딧의 토큰화는 디지털 플랫폼에서 거래가 가능하다. 이는 크레딧의 유통을 효율화하고 시장의 투명성을 높이는 데 도움이 된다. 토큰화는 또한 크레딧의 소유와 거래를 프로그래밍적으로 자동화해 더욱 효율적인 시스템을 구축할 수 있도록 한다.

- 크레딧 발행 및 등록 : 먼저, 탄소크레딧을 발행하는 탄소 저감 프로젝트가 등록되어야 한다. 등록된 프로젝트는 탄소배출을 줄이는 활동을 실시하고, 이를 검증 및 인증 기관에서 승인받아 탄소크레딧으로 발행한다.

- 토큰화 계획 수립 : 발행된 탄소크레딧을 토큰화하기 위한 계획이 수립되어야 한다. 이 과정에서 어떤 블록체인 플랫폼을 사용할지, 토큰화된 탄소크레딧의 스마트 계약을 어떻게 구성할지 등을 결정하게 된다.

- 토큰화 및 스마트 계약 작성 : 선택한 블록체인 플랫폼을 통해 탄소크레딧을 토큰화하고, 이를 위한 스마트 계약을 작성한다. 스마트 계약은 탄

소크레딧 거래에 관한 조건을 프로그래밍화하며, 자동으로 실행될 수 있도록 한다.

- 토큰 발행 : 토큰화된 탄소크레딧이 블록체인 네트워크상에 발행된다. 이러한 토큰은 탄소크레딧의 소유권을 나타내며, 거래가 이루어질 때마다 블록체인상에서 전송되고 업데이트된다.

- 거래소 등록 : 토큰화된 탄소크레딧은 디지털 거래소에 등록되어 거래될 수 있도록 한다. 이를 통해 시장 참여자들은 편리하게 탄소크레딧을 거래할 수 있게 된다.

- 거래 및 관리 : 토큰화된 탄소크레딧은 거래소를 통해 구매하고 판매할 수 있으며, 블록체인을 통해 거래내역이 실시간으로 기록된다. 또한, 스마트 계약을 통해 거래 조건에 따라 자동으로 실행될 수 있다.

탄소크레딧
소각 프로세스

탄소크레딧이 소각되면, 해당 크레딧이 시장에서 완전히 제거된다. 이는 그 크레딧이 다시 거래되거나 사용될 수 없음을 의미한다. 소각은 보통 탄소중립을 실현하기 위해 탄소배출을 상쇄하거나 보상하는 과정에서 발생한다. 탄소크레딧의 소각은 크레딧이 실제로 탄소 감축 프로젝트에 투자되어 효과적으로 탄소를 줄이고 환경에 긍정적인 영향을 미친다.

- 소각 결정 : 기업이나 개인이 토큰화된 탄소크레딧을 구매하면, 이 크레딧은 탄소중립을 위해 사용된다. 일반적으로, 이 크레딧은 탄소배출량을 상쇄하거나 줄이는 데 사용된다.

- 탄소크레딧 소각 : 소각은 토큰화된 탄소크레딧을 사용해 실제로 탄소를 중립화하는 과정이다. 이는 해당 크레딧이 발행된 탄소 감축 프로젝트에 자금을 제공하거나, 탄소크레딧을 지속적으로 보유해 탄소중립을 유지하는 것을 의미한다.

- 확인 및 기록 : 소각된 크레딧은 해당 탄소 감축 프로젝트나 규제 기관에 의해 확인되고 기록된다. 이를 통해 소각된 탄소크레딧의 실제 탄소 중립 효과를 추적하고 검증할 수 있다.

[탄소크레딧 토큰화를 위한 실무 절차]

1. 프로젝트 선정 및 검증
조림, 에너지 효율 개선, 재생에너지 투자 등 탄소 감축 효과가 명확한 프로젝트
- 프로젝트 규모, 지속가능성, 검증 용이성 등 고려
- DNV GL, SGS, LRQA 등 국제적으로 인정된 제3기관의 검증 필수
- 프로젝트의 탄소 감축량 산출 및 인증 책임
- ISO 14064-1, ISO 14064-2 등 국제 표준 기준 준수(투명성, 정확성, 완전성 확보)

2. 크레딧 발행
- 1CCU(Carbon Credit Unit) : 1톤의 이산화탄소배출 감축 상쇄
- VER(Verified Emission Reduction) : 탄소 기준 위원회 발급 인증서
- 프로젝트 개발 및 운영기관 또는 검증기관
- 발행량 관리 및 추적 책임
- 블록체인 기술 활용을 통한 투명하고 안전한 발행
- 중앙집중관리 방식 vs. 분산원장기반 방식 비교

3. 토큰 발행 플랫폼 선정
- Ethereum, Hyperledger Fabric, R3 Corda 등 다양한 플랫폼 선택 가능

- 플랫폼의 성능, 보안성, 호환성 등 고려
- 토큰 발행, 거래, 관리 등 자동화 위한 스마트 계약 활용(투명성, 효율성, 보안 향상)

4. 토큰 발행
- ERC-20, NEO, TRON 등 표준 토큰 기준 활용
- 발행된 탄소크레딧 수량에 기반한 토큰 발행

5. 거래 플랫폼 구축
- 토큰 거래, 가격 정보, 투자 분석 등 다양한 기능 제공
- 사용자 편의성, 보안, 투명성 고려

6. 참여자 및 거래
- 기업, 개인, 투자자 등 다양한 참여자 유치
- 탄소배출량 감축 목표 달성, 수익 창출, 투자 기회 제공
- 중앙 집중 거래소, 거래소 간 거래 등 다양한 방식 지원
- 시세 변동 및 수수료 고려
- 탄소시장 수급 상황, 경제 상황, 정부 정책 등 변동 요소

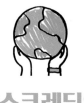

탄소크레딧의
토큰화 유형

  - ERC-20 토큰 : ERC-20은 이더리움 블록체인에서 사용되는 가장 일반적인 토큰 표준이다. 자발적 탄소크레딧을 ERC-20 토큰으로 토큰화하는 경우, 이더리움 네트워크상에서 탄소크레딧의 소유권을 나타내는 토큰을 발행할 수 있다. 이는 이더리움 기반의 지갑에서 손쉽게 관리할 수 있으며, 다양한 이더리움 기반의 거래소에서 거래될 수 있다.

  - NFT(Non-Fungible Token) : NFT는 각각의 토큰이 고유하고 대체할 수 없는 특성이 있는 토큰이다. 자발적 탄소크레딧을 NFT로 토큰화하는 경우, 각각의 탄소크레딧이 고유한 식별자를 가지고 있어 특정 탄소크레딧의 출처 및 이력을 추적할 수 있다. 이는 토큰화된 탄소크레딧의 신뢰성을 높이는 데 도움이 된다.

  - 프로토콜 토큰 : 일부 플랫폼은 자체적인 토큰을 사용해 탄소크레딧을 토큰화한다. 이러한 프로토콜 토큰은 해당 플랫폼에서만 사용되는 경우가 많으며, 탄소크레딧의 발행 및 거래에 사용될 수 있다.

- 다중체인 토큰화 : 최근에는 다양한 블록체인 네트워크상에서 탄소크레
딧을 토큰화하는 경우가 증가하고 있다. 다중체인 환경에서 탄소크레딧
의 교환 및 거래가 가능하다. 예를 들어, 이더리움과 빈스와프, 폴카닷
등의 다른 블록체인 네트워크 간에 탄소크레딧을 이동시킬 수 있다.

자발적 탄소크레딧 토큰화를 위한 프로그래밍

자발적 탄소크레딧의 토큰화를 위한 프로그래밍 소스 코드 예시는 다양한 블록체인 플랫폼과 프로그래밍 언어에 따라 다를 수 있다. 여기에는 솔리디티 언어를 사용한 이더리움(Ethereum) 스마트 계약의 예시를 보여주고 있다. 이 예시 코드는 탄소크레딧의 발행과 거래를 관리하기 위한 간단한 스마트 계약이다.

```solidity
// SPDX-License-Identifier: MIT
pragma solidity ^0.8.0;

contract CarbonCreditToken {
    string public name = "Carbon Credit Token";
    string public symbol = "CCT";
    uint256 public totalSupply;

    mapping(address => uint256) public balanceOf;
```

```solidity
    mapping(address => mapping(address => uint256)) public allowance;

    event Transfer(address indexed from, address indexed to, uint256
value);
    event Approval(address indexed owner, address indexed spender,
uint256 value);

    constructor(uint256 _initialSupply) {
        totalSupply = _initialSupply;
        balanceOf[msg.sender] = _initialSupply;
    }

    function transfer(address _to, uint256 _value) public returns (bool
success) {
        require(balanceOf[msg.sender] >= _value, "Insufficient balance");
        balanceOf[msg.sender] -= _value;
        balanceOf[_to] += _value;
        emit Transfer(msg.sender, _to, _value);
        return true;
    }

    function approve(address _spender, uint256 _value) public returns
(bool success) {
        allowance[msg.sender][_spender] = _value;
        emit Approval(msg.sender, _spender, _value);
```

```
        return true;
    }

    function transferFrom(address _from, address _to, uint256 _value)
public returns (bool success) {
        require(_value <= balanceOf[_from], "Insufficient balance");
        require(_value <= allowance[_from][msg.sender], "Allowance
exceeded");
        balanceOf[_from] -= _value;
        balanceOf[_to] += _value;
        allowance[_from][msg.sender] -= _value;
        emit Transfer(_from, _to, _value);
        return true;
    }
}
```

이 스마트 계약은 탄소크레딧 토큰을 발행하고, 소유자 간에 이를 전송하고 교환하기 위한 기능을 제공한다. 사용자는 transfer, approve, transferFrom 함수를 사용해 탄소크레딧을 이동시키고 다른 사용자에게 권한을 부여할 수 있다.

솔리디티 언어를 사용해 자발적 탄소크레딧의 토큰화를 위한 좀 더 복잡한 스마트 계약의 예시다. 이 예시 코드는 탄소크레딧의 발행, 전송, 거래 및 소각을 관리하는 더 많은 기능을 포함한다.

```solidity
// SPDX-License-Identifier: MIT
pragma solidity ^0.8.0;

contract CarbonCreditToken {
    string public name = "Carbon Credit Token";
    string public symbol = "CCT";
    uint256 public totalSupply;

    mapping(address => uint256) public balanceOf;
    mapping(address => mapping(address => uint256)) public allowance;

    event Transfer(address indexed from, address indexed to, uint256 value);
    event Approval(address indexed owner, address indexed spender, uint256 value);
    event Burn(address indexed from, uint256 value);

    constructor(uint256 _initialSupply) {
        totalSupply = _initialSupply;
        balanceOf[msg.sender] = _initialSupply;
    }

    function transfer(address _to, uint256 _value) public returns (bool success) {
        require(balanceOf[msg.sender] >= _value, "Insufficient balance");
```

```solidity
        balanceOf[msg.sender] -= _value;
        balanceOf[_to] += _value;
        emit Transfer(msg.sender, _to, _value);
        return true;
    }


    function approve(address _spender, uint256 _value) public returns
(bool success) {
        allowance[msg.sender][_spender] = _value;
        emit Approval(msg.sender, _spender, _value);
        return true;
    }


    function transferFrom(address _from, address _to, uint256 _value)
public returns (bool success) {
        require(_value <= balanceOf[_from], "Insufficient balance");
        require(_value <= allowance[_from][msg.sender], "Allowance
exceeded");
        balanceOf[_from] -= _value;
        balanceOf[_to] += _value;
        allowance[_from][msg.sender] -= _value;
        emit Transfer(_from, _to, _value);
        return true;
    }
```

```
function burn(uint256 _value) public returns (bool success) {
    require(balanceOf[msg.sender] >= _value, "Insufficient balance");
    balanceOf[msg.sender] -= _value;
    totalSupply -= _value;
    emit Burn(msg.sender, _value);
    return true;
  }
}
```

이 스마트 계약은 기본적인 토큰 기능인 발행, 전송 및 권한 부여 외에도 탄소크레딧의 소각을 처리하는 기능을 추가로 제공한다. burn 함수를 호출해 사용자는 자신의 탄소크레딧을 소각할 수 있다.

[탄소크레딧 토큰화 프로그래밍]

1. 솔리디티(Solidity)
- 링크 : solidity 자발적 탄소크레딧 토큰화 예시 :
  https://github.com/topics/codes
- 설명 : 자발적 탄소크레딧 발행, 소각 및 이전 기능 포함
- 언어 : Solidity
- 추가 정보 : ERC-721 표준 기반

2. 자바(Java)
- 링크 : 자바 탄소크레딧 추적 시스템 :
  https://start.spring.io
- 설명 : 토큰 발행, 소각 및 잔액 관리 기능 포함
- 언어 : Java
- 추가 정보 : 스프링 프레임워크 기반

3. 파이썬(Python)
- 링크 : 파이썬 탄소크레딧 시스템 :
  https://github.com/kyunghyunHan/blockchain_wallet
- 설명 : 탄소크레딧 거래 처리 기능 포함
- 언어 : Python
- 추가 정보 : 웹, 앱 개발에 활용 가능

탄소크레딧 토큰화 플랫폼

토큰화 플랫폼은 탄소배출권 및 ESG 자산에 대한 부분화 및 유동성을 위한 강력한 새로운 기회를 제공한다. 이들 기업은 기존 자산을 전문적으로 활용하고 이들과 연관된 규제 준수 토큰화된 계층을 생성해 시장 효율성을 높인다.

이러한 주체들은 경제적으로 건전한 환경 이니셔티브를 가능하게 하는 금융 메커니즘과 새롭게 등장하는 금융 기술 솔루션 사이에서 중요한 가교 역할을 한다.

1. Toucan

- 개요 : 투칸은 투명하고 무결성이 높은 디지털 인프라를 통해 자발적 탄소시장(VCM)을 강화해 기후 행동을 확장하는 기술 플랫폼이다. 탄소배출권과 같은 환경 자산의 토큰화를 허용해 다양한 용도에 걸쳐 마찰 없는 거래와 적용을 가능하게 한다.

- 토큰화 접근법 : 투칸은 블록체인과 스마트 컨트랙트 등 웹3 기술을 활용해 메타데이터를 잃지 않고 탄소배출권을 토큰화하는 선구적인 방법을 개발했다. 여기에는 토큰화를 위한 투칸 카본 브릿지, 기록을 위한 오픈 기후 레지스트리, 유동성을 위한 투칸 카본 풀이 포함된다.
- 주요 성과 : 투칸은 전체 블록체인 탄소 토큰의 85%를 데이터 모델에 따라 약 2,100만 개의 탄소크레딧을 토큰화했다. 토큰화된 크레딧 시장의 초기 진입자로서 환경 자산의 디지털 전환에 중요한 역할을 하고 있다.
- 매매 포인트 : 투칸의 매매 포인트는 모든 속성을 보존하면서 탄소배출권을 원활하게 토큰화하는 것, 투명하고 중립적인 개방형 기후 등록부, 탄소배출권을 위한 유동성 풀 등이다. 이 기능들은 데이터 사일로, 시장 조각화, 탄소 시장의 유동성 등의 문제를 포괄적으로 다룬다.
- 당면 과제 : 과제에는 VCM의 복잡성 탐색, 초기 환경 자산과 블록체인의 기

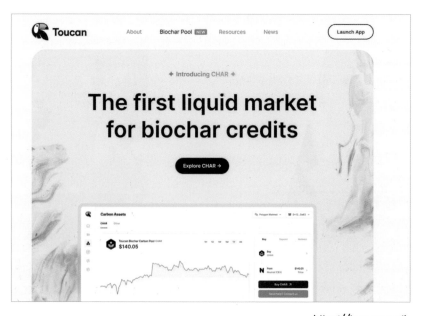

https://toucan.earth

존 자산을 통합하고 토큰화 프로세스의 확장성과 무결성을 보장하는 것이 포함된다.

2. Flowcarbon

- 개요 : 위워크의 아담 노이만(Adam Neuman)이 설립한 플로우카본은 블록체인 기술을 사용해 자발적 탄소시장(VCM)에 대한 접근성을 강화한다. 탄소시장, 블록체인 및 환경주의에 대한 전문성을 갖춘 이 플랫폼은 탄소 신용 메커니즘을 확장해 산림전용을 방지하고 생태계 복원을 지원하는 것을 목표로 한다.
- 토큰화 접근 방식 : 플로우카본은 탄소 지원 토큰을 도입했는데, 각 토큰은 탄소 1톤에 해당하며 탄소크레딧으로 뒷받침된다. 이 접근 방식은 탄소크레딧 시장에 유동성, 투명성 및 효율성을 제공해 규모와 접근성을 용이하게 하는 것을 목표로 한다.
- 주요 성과 : 플로우카본은 플랫폼 출시 직후 거의 1,700만 톤에 달했던 탄소배출권 거래량이 크게 성장하면서 탄소배출권 현물시장을 창출하는 데 성공했다.
- 매매 포인트 : 이 플랫폼은 전략적 평가, 금융 및 글로벌 네트워킹을 포함한 탄소크레딧 프로젝트를 위한 엔드 투 엔드 서비스를 제공한다. 플로우카본의 토큰화는 탄소크레딧의 개념을 단순화해 탄소크레딧 발행, 인증 및 소비 간의 격차를 해소하는 데 도움이 된다.
- 당면 과제 : 유동 탄소는 신용 발행과 시장 준비 사이의 긴 주기 시간의 형태로 본질적인 어려움에 직면할 뿐만 아니라 잠재적인 참가자들의 지식 격차를

해소한다.

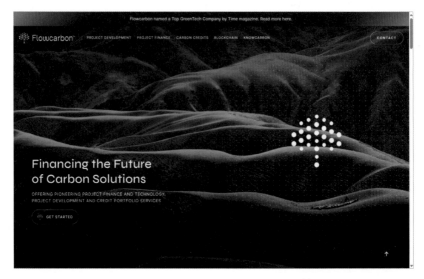

https://www.flowcarbon.com

3. KlimaDAO

- 개요 : KlimaDAO는 탄소 기반 알고리즘 암호화폐인 $KLIMA 토큰을 통해 기후 행동을 주도하는 데 중점을 둔 분산형 자율 조직(DAO)이다. 2021년 토큰의 놀라운 가격 상승과 이후 폭락 이후 KlimaDAO는 카본마크와 같은 프로젝트를 통해 토큰화된 탄소크레딧 인프라를 구축하기 시작했다.

- 토큰화 접근 : KlimaDAO는 발행되는 토큰마다 1톤의 탄소로 뒷받침되는 KLIMA 토큰을 발행한다. KLIMA는 미리 정의된 고유 값을 가지며, KlimaDAO는 이 메트릭을 기반으로 토큰의 가용 공급을 자동으로 조정한다. KlimaDAO는 블록체인 기반 탄소 신용 검증을 위해 투칸, 모스와 협력한 후 탄소 톤수를 Klima 생태계로 연결한다.

- 주요 성과 : KlimaDAO는 탄소시장을 위한 투명하고 접근 가능한 인프라를 성공적으로 구축했다. 그들의 5일간의 할인 창구는 새로운 메커니즘을 사용해 성공적으로 탄소 신용 토큰화를 장려한다.
- 매매 포인트 : 플랫폼 매매 포인트는 토큰 발행을 위한 블록체인 기반의 투명한 인프라, DAO를 통한 토큰 보유를 통한 직접적인 거버넌스 참여 등이다. 클라이마DAO는 탄소 신용 토큰화 공간에서도 얼리무버한 우위를 자랑한다.
- 당면 과제 : KlimaDAO의 $KLIMA 토큰은 생성부터 작성 시점까지 99% 이상의 가격 폭락을 경험했다. 이러한 하락을 리베이스화 메커니즘이 부분적으로 설명할 수 있지만, 이러한 이벤트를 둘러싼 대중의 인식은 여전히 부정적이다.

https://www.klimadao.finance

4. TOKO

- 개요 : TOKO는 ESG 자산을 포함한 투자 가능한 기회를 창출하기 위해 전통적으로 비유동성 자산의 토큰화를 진전시킨다. 지속가능한 가치, 투명성, 집중된 효율성을 강조하면서 디지털 자산의 시장을 개척한다.
- 토큰화 접근법 : TOKO는 탄소크레딧 토큰화를 위해 헤데라 해시그래프 네트워크의 낮은 에너지 소비를 활용해 풀 스펙트럼 토큰 라이프사이클 관리 시스템을 채택하고 있으며, 첨단 기술과 광범위한 법률 전문 지식을 결합한 ESG 솔루션도 제공하고 있다.
- 주요 성과 : TOKO는 헤데라 해시그래프 네트워크를 활용해 차별화함으로써 비트코인이나 이더리움보다 높은 에너지 효율성을 구현한다. ESG 솔루션과 결합한 자산 토큰화, 공급망 시스템 개선, 자산관리 투명성 제고를 통한 순환 경제 모델 홍보 등을 위한 종합적인 플랫폼을 제공한다.
- 매매 포인트 : TOKO의 접근 방식은 윤리적 투자 정렬에 대한 약속과 지속

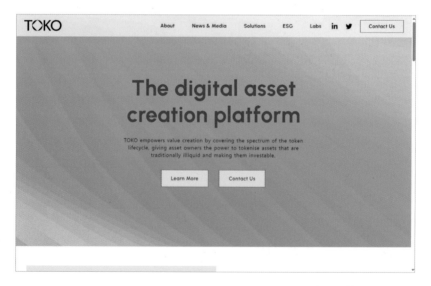

https://toko.network

가능한 가치 창출 모델에 의해 뒷받침된다. 투명하고 법적으로 건전한 프로세스를 강조하고 일관된 장기적 가치를 위해 단기 수익 문화를 회피하므로 ESG 토큰화 이니셔티브를 위한 훌륭한 솔루션이다.

- 당면 과제 : TOKO는 엄격한 법 준수를 보장하는 동시에 지속가능하고 책임 있는 가치 창출에 전념하는 시장을 육성하는 데 초점을 맞추고 있다. 이러한 접근 방식은 경제적으로 실행 가능한 시장 현실과 핵심 ESG 원칙의 도전적인 균형을 의미한다.

5. Spydra

- 개요 : Spydra는 안전하고 투명한 디지털 데이터 및 자산관리 솔루션을 위한 블록체인 기반 플랫폼을 제공한다. 그들의 제품은 저코드 솔루션을 중심으로 효율성을 높이고 비용을 절감하며 기업 협업을 개선한다.

- 토큰화 접근법 : 스파이드라는 탄소 회계를 위해 블록체인을 활용해 현재의 탄소배출 보고 오류를 해결한다. 이 접근법을 통해 기업이 환경 영향을 정확하게 보고하는 데 필요한 배출에 대한 보다 정확하고 검증 가능한 기록을 얻을 수 있다.

- 주요 성과 : 하이퍼레저 패브릭 전문 강력한 저코드 블록체인 플랫폼 개발 및 탄소 회계에 블록체인 솔루션을 구현해 정확한 배출물 추적 및 보고를 보장한다.

- 매매 포인트: Spydra는 웹3로의 전환을 단순화하는 블록체인 개발 도구를 제공해 블록체인 개발자가 아닌 사람들도 쉽게 이용할 수 있다. 이들의 접근 방식은 기존 시스템과 통합되고 탄소 신용 거래에 대한 안전하고 불변의 장부를 제공해 환경 보고에 대한 신뢰와 책임을 강화한다.

- 당면 과제 : 블록체인 개발자의 부족은 저코드 솔루션에 초점을 맞추고 있음에도 불구하고 스파이드라의 광범위한 채택에 잠재적인 병목 현상을 야기한다. 또한, 현재 표준화되지 않은 이질적인 탄소 보고 프레임워크를 균질화하는 데 잠재적인 어려움을 겪는다.

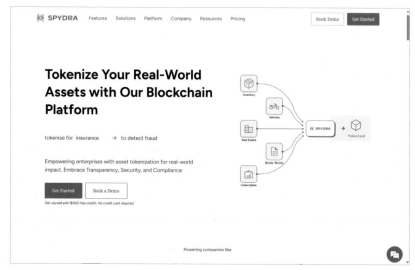

https://www.spydra.app

PART 7

자발적 탄소시장 거래소

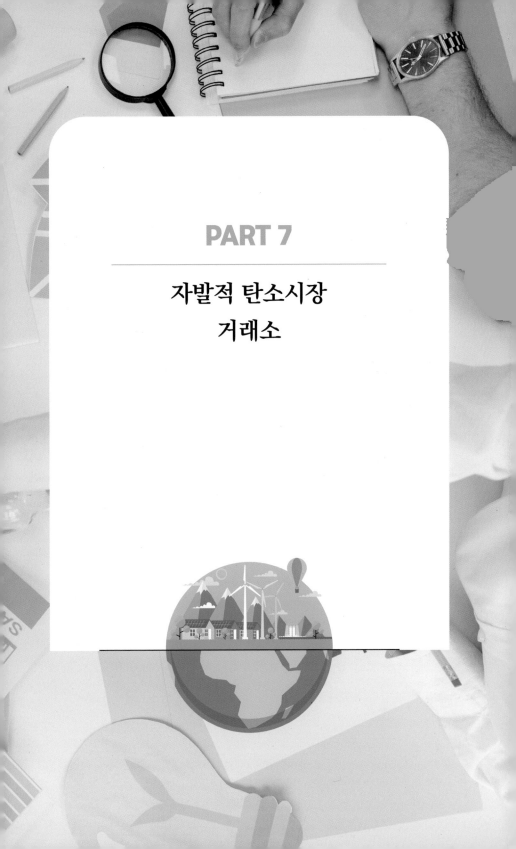

자발적 탄소시장 거래소

글로벌 자발적 탄소시장 거래소는 탄소배출을 줄이기 위해 탄소크레딧을 구매하고 판매할 수 있는 플랫폼을 의미한다. 이들 거래소는 탄소배출량을 줄이려는 당사자들과 탄소크레딧을 생성하는 프로젝트를 연결하는 역할을 한다.

자발적 탄소시장에서는 온라인 플랫폼, 장외거래(OTC) 시장 및 거래되는 펀드(ETFs) 등 다양한 유형의 거래소가 운영된다. 온라인 플랫폼은 구매자와 판매자가 직접 상호 작용하고 거래를 협상할 수 있는 반면, OTC 시장은 브로커가 공식 거래소 밖에서 거래를 중개한다. ETF는 투자자에게 다양한 종류의 탄소크레딧에 노출될 수 있는 포트폴리오를 제공한다.

탄소시장 거래소에 참가하는 주요 시장 참여자는 기업, 정부, 탄소 프로젝트 개발자, 투자자, 브로커 및 등록기관 등이 있다. 이들 시장 참여자는 자신들의 배출 감축 목표나 투자 목적을 충족하기 위해 탄소크레딧을 구매하거나 판매한다.

거래소는 현물 거래, 선물 계약 및 옵션과 같은 다양한 거래 메커니즘을 제공한다. 현물 거래는 현재 시장 가격에서 즉시 거래를 의미하며, 선물 계약은 미래에 특정 가격(고정가격)에서 탄소크레딧을 거래하는 것이다. 옵션은 일정 기간 동안 특정 가격에서 탄소크레딧을 구매하거나 판매할 권리를 매매하는 계약이다.

시장 투명성은 공정하고 효율적인 거래를 보장하기 위해 중요하다. 거래소는 시장 가격, 거래량, 프로젝트 세부 정보 및 크레딧 발행과 관련된 정보를 제공한다. 이러한 투명성은 구매자가 탄소크레딧의 품질과 신뢰성을 평가할 수 있도록 하며, 공급과 수요에 따라 가격 결정을 가능하게 한다.

일부 탄소시장 거래소는 정부나 국제기구가 제정한 규제 프레임워크 내에서 운영되는 반면, 다른 거래소는 비규제 환경에서 운영된다. 규제 감독은 투명성, 신뢰성 및 국제 표준 준수를 요구할 수 있다.

최근 자발적 탄소시장 거래소들은 블록체인 기술을 활용한 투명하고 안전한 거래, 환경, 사회 및 지배구조(ESG) 기준의 거래 전략 통합, 탄소시장의 새로운 지역 및 분야로의 확장하고 있다. 전체적으로, 글로벌 자발적 탄소시장 거래소의 현황을 이해하기 위해서는 이러한 요소들과 함께 특정 거래소 플랫폼, 거래량, 거래되는 탄소크레딧의 종류를 이해해야 한다.

1. Air Carbon Exchange

- 설립 : 2022년

- 본사 : 싱가포르

- 사업 분야 : 자발적 탄소시장 거래 플랫폼 운영

- 핵심 가치 : 투명성, 접근성, 유동성

- 주요 특징

  UN 인증 CER 거래 지원

  다양한 탄소크레딧 종류 거래 가능

  블록체인 기술 기반 투명한 거래 시스템

  높은 유동성과 경쟁력 있는 가격 제공

- 지역별 거래량

  아시아 : 약 80%

  유럽 : 약 10%

  북미 : 약 10%

- 거래 실적

  2023년 거래량 : 약 1억 개의 탄소크레딧

  2022년 대비 증가율 : 약 200%

  2021년 대비 증가율 : 약 500%

  평균 탄소크레딧 가격 : 약 4달러

- 주력 거래 상품

  UN 인증 CER : 유엔기후변화협약(UNFCCC)의 지속가능 개발 목표(SDGs) 달성에 기여하는 탄소 감축 프로젝트에서 발행된 탄소크레딧

  VCS(Verified Carbon Standard) 인증 탄소크레딧 : Verra에서 발행하는 탄소크레딧

GCC(Gold Standard) 인증 탄소크레딧 : 골드 스탠더드에서 발행하는 탄소크레딧

CCBA(Climate, Community & Biodiversity Alliance) 인증 탄소크레딧 : CCBA에서 발행하는 탄소크레딧

REDD+ 탄소크레딧 : 개발도상국의 삼림 보호 및 산림 재생 프로젝트에서 발행된 탄소크레딧

https://acx.net

2. Climate Impact X

- 설립 : 2016년

- 본사 : 미국 캘리포니아

- 사업 분야 : 자발적 탄소시장 거래 플랫폼 운영

- 핵심 가치 : 투명성, 신뢰성, 접근성

- 주요 특징

다양한 자발적 탄소 프로젝트 포트폴리오 제공

높은 품질의 탄소크레딧 선별 및 검증

투자자 맞춤형 솔루션 제공

기업 및 개인 투자자들에게 높은 인기

- 지역별 거래량 :

북미 : 약 60%

유럽 : 약 30%

아시아 : 약 10%

- 거래 실적

2023년 거래량 : 약 5천만 개의 탄소크레딧

2022년 대비 증가율 : 약 150%

2021년 대비 증가율 : 약 300%

평균 탄소크레딧 가격 : 약 5달러

https://www.climateimpactx.com

- 주력 거래 상품

  임업 : 산림 재생, 삼림 보호

  재생에너지 : 태양광, 풍력, 수력

  에너지 효율 : 건물 에너지 효율 개선, 조명 교체

  농업 : 토양 관리, 메탄 배출 감축

  폐기물 관리 : 매립지 가스 회수, 재활용

  폐기물 소각 : 폐기물 소각 시설의 메탄 배출 감축

3. Xpansiv CBL

- 설립 : 2019년

- 본사 : 미국

- 사업 분야 : 자발적 탄소시장 거래 플랫폼 운영, 탄소 데이터 및 분석 제공

- 핵심 가치 : 투명성, 접근성, 효율성

- 주요 특징

  다양한 탄소크레딧 종류 거래 가능

  블록체인 기술 기반 투명한 거래 시스템 제공

  실시간 탄소 가격 정보 및 분석 제공

  높은 유동성과 경쟁력 있는 가격 제공

- 지역별 거래량

  북미 : 약 50%

  유럽 : 약 30%

  아시아 : 약 20%

- 거래 실적

2023년 거래량 : 약 7천만 개의 탄소크레딧

2022년 대비 증가율 : 약 180%

2021년 대비 증가율 : 약 400%

평균 탄소크레딧 가격 : 약 4.5달러

- 주력 거래 상품

CBL(California Carbon Allowances) : 캘리포니아주의 탄소배출권 거래 시스템에서 발행된 탄소크레딧

RGGI(Regional Greenhouse Gas Initiative) : 미국 북동부 9개 주의 탄소배출권 거래 시스템에서 발행된 탄소크레딧

CCAA(Climate Change Action Reserve) : 북미 최대 규모 자발적 탄소크레딧 표준 및 발행 기관

VCS(Verified Carbon Standard) : 베라에서 발행하는 탄소크레딧

GCC(Gold Standard) : 골드 스탠더드에서 발행하는 탄소크레딧

https://xpansiv.com

4. CTX Global

- 설립 : 2009년

- 본사 : 미국 캘리포니아

- 사업 분야 : 자발적 탄소시장 거래 플랫폼 운영, 탄소 데이터 및 분석 제공

- 핵심 가치 : 투명성, 접근성, 지속가능성

- 주요 특징

  다양한 자발적 탄소 프로젝트 포트폴리오 제공

  높은 품질의 탄소크레딧 선별 및 검증

  투자자 맞춤형 솔루션 제공

  기업 및 개인 투자자들에게 높은 인기

- 지역별 거래량 :

  북미 : 약 40%

  유럽 : 약 35%

  아시아 : 약 25%

- 거래 실적

  2023년 거래량 : 약 6천만 개의 탄소크레딧

  2022년 대비 증가율 : 약 170%

  2021년 대비 증가율 : 약 350%

  평균 탄소크레딧 가격 : 약 4.8달러

- 주력 거래 상품

  임업 : 산림 재생, 삼림 보호

  재생에너지 : 태양광, 풍력, 수력

  에너지 효율 : 건물 에너지 효율 개선, 조명 교체

  농업 : 토양 관리, 메탄 배출 감축

폐기물 관리 : 매립지 가스 회수, 재활용

폐기물 소각 : 폐기물 소각 시설의 메탄 배출 감축

https://ctxglobal.com

5. enmacc

- 설립 : 2008년

- 본사 : 독일 함부르크

- 사업 분야 : 자발적 탄소시장 거래 플랫폼 운영, 탄소 데이터 및 분석 제공

- 핵심 가치 : 투명성, 효율성, 지속가능성

- 주요 특징

　유럽 최대 자발적 탄소 거래 플랫폼

　다양한 탄소크레딧 종류 거래 가능

　블록체인 기술 기반 투명한 거래 시스템 제공

　높은 유동성과 경쟁력 있는 가격 제공

- 지역별 거래량 :

유럽 : 약 70%

북미 : 약 20%

아시아 : 약 10%

- 거래 실적

2023년 거래량 : 약 8천만 개의 탄소크레딧

2022년 대비 증가율 : 약 160%

2021년 대비 증가율 : 약 320%

평균 탄소크레딧 가격 : 약 4.2달러

- 주력 거래 상품

EU ETS(European Union Emissions Trading System) : 유럽연합의 탄소배출

권 거래 시스템에서 발행된 탄소크레딧

VCS(Verified Carbon Standard) : 베라에서 발행하는 탄소크레딧

GCC(Gold Standard) : 골드 스탠더드에서 발행하는 탄소크레딧

https://enmacc.com

CCAA(Climate Change Action Reserve) : 북미 최대 규모 자발적 탄소크레딧 표준 및 발행 기관

REDD+ 탄소크레딧 : 개발도상국의 삼림 보호 및 산림 재생 프로젝트에서 발행된 탄소크레딧

PART 8

자발적 탄소크레딧 평가기관

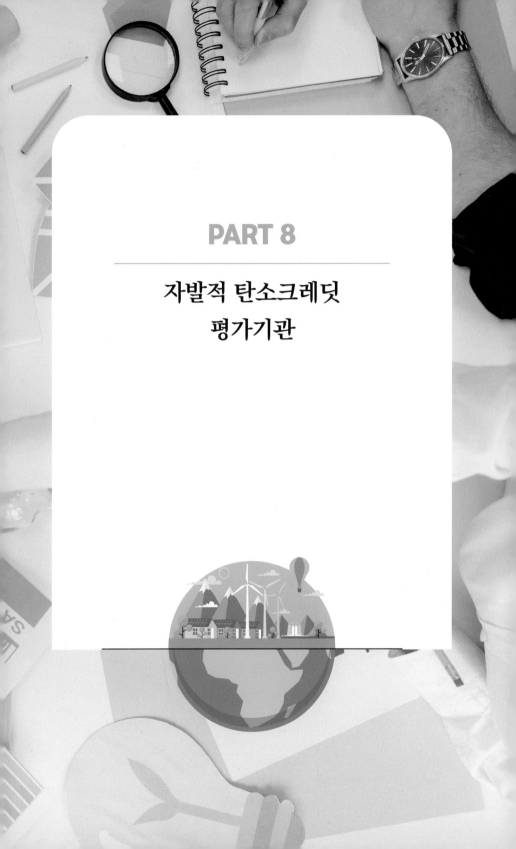

자발적 탄소크레딧 평가기관

자발적 탄소크레딧 시장에서 레이팅 기관은 탄소크레딧 프로젝트의 품질과 신뢰성을 평가하고 투자자와 시장 참가자들에게 정보를 제공하는 역할을한다. 이들 평가기관들은 탄소크레딧의 가치를 결정하고, 투자자와 시장 참가자들에게 신뢰할 수 있는 정보를 제공해 거래의 투명성과 효율성을 증진시킨다.

레이팅 기관은 탄소크레딧 프로젝트를 평가해 프로젝트의 품질과 탄소 저감 효과를 확인한다. 이는 프로젝트의 환경, 사회 및 경제적 영향을 종합적으로 평가하는 과정을 포함된다.

레이팅 기관은 프로젝트에 대해 레이팅을 부여해 탄소크레딧의 품질과 신뢰성을 나타낸다. 이러한 레이팅은 투자자나 구매자들이 탄소크레딧을 신뢰하고 거래할 때 참고할 수 있는 중요한 지표들을 제공한다.

또한, 레이팅 기관은 탄소크레딧 시장에 대한 정보를 제공하고 시장 참가자들에게 프로젝트에 대한 평가 및 레이팅을 공개하고 이를 통해 시장의 투명성과 효율성을 증진시킨다.

레이팅 기관은 탄소크레딧 시장의 발전을 지원하고 시장 참가자들의 신뢰를 증진시키고 시장의 성장과 확대를 촉진하는 데 기여한다.

자발적 탄소크레딧 시장에서 레이팅 기관은 투자자와 시장 참가자들에게 신뢰할 수 있는 정보를 제공해 시장의 투명성과 신뢰성을 높이는 데 중요한 역할을 한다. 이러한 평가기관은 지속가능한 발전을 촉진하고 환경보호에 기여한다.

1. Sylvera

- 개요

  미국 워싱턴 D.C.에 본사를 둔 탄소배출량 감축 및 지속가능성 솔루션 회사 (2008년 설립)

- 핵심 가치

  사회적 책임 : 환경 및 사회적 가치를 높이는 탄소배출량 감축 프로젝트 개발

  과학적 근거 : 과학적 근거를 기반으로 효과적인 탄소배출량 감축 전략 수립

  파트너십 : 공적인 탄소배출량 감축 및 지속가능성 목표 달성 지원

- 주요 평가 기준

  환경적 영향 : 탄소배출량 감축 효과, 환경 오염 감소 효과

  사회적 영향 : 지역사회 발전 효과, 일자리 창출 효과

  경제적 영향 : 투자 수익률, 비용 효과

지속가능성 : 프로젝트의 장기적인 지속가능성

- 주요 평가 실적

아프리카 쿡스토브 프로젝트 : 100만 개 이상의 효율적인 쿡스토브 보급

아마존 열대우림 보호 프로젝트 : 100만 에이커 이상의 열대우림 보호

태양광 발전 프로젝트 : 100MW 이상의 태양광 발전 설비 설치

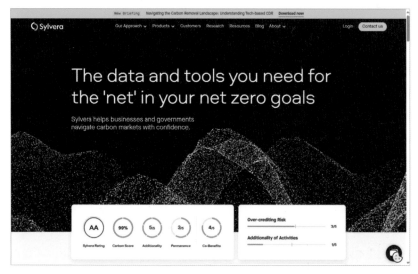

https://www.sylvera.com

2. Bezero

- 개요

싱가포르에 본사를 둔 탄소배출량 관리 및 지속가능성 솔루션 회사 (2019년
설립)

- 핵심 가치

투명성 : 객관적이고 투명한 탄소배출량 정보 제공

접근성 : 다양한 탄소배출량 관리 솔루션 제공

파트너십 : 탄소배출량 관리 및 지속가능성

- 주요 평가 기준

  환경적 영향 : 탄소배출량 감축 효과, 환경 오염 감소 효과

  사회적 영향 : 지역사회 발전 효과, 일자리 창출 효과

  경제적 영향 : 투자 수익률, 비용 효과

  지속가능성 : 프로젝트의 장기적인 지속가능성

- 주요 평가 실적

  태양광 발전 프로젝트 : 50MW 이상의 태양광 발전 설비 설치

  에너지 효율 개선 프로젝트 : 기업의 에너지 효율 개선을 통한 탄소배출량 감축

  재생에너지 투자 프로젝트 : 재생에너지 프로젝트 투자를 통한 탄소배출량 감축

https://bezerocarbon.com

3. Calyx Global

- 개요

  미국 캘리포니아주에 본사를 둔 탄소배출량 감축 및 지속가능성 솔루션 회
  사(2008년 설립)
- 핵심 가치

  과학적 근거 : 과학적 근거를 기반으로 효과적인 탄소배출량 감축 전략 수립

  실용성 : 기업의 실제 상황에 맞는 맞춤형 솔루션 제공

  파트너십 : 탄소배출량 감축 및 지속가능성 목표 달성 지원
- 주요 평가 기준

  환경적 영향 : 탄소배출량 감축 효과, 환경 오염 감소 효과

  사회적 영향 : 지역사회 발전 효과, 일자리 창출 효과

  경제적 영향 : 투자 수익률, 비용 효과

  지속가능성 : 프로젝트의 장기적인 지속가능성

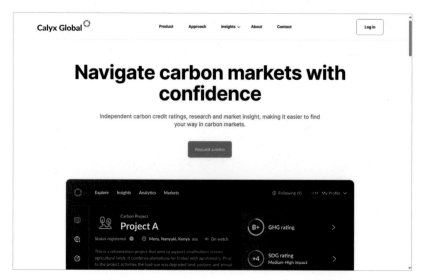

https://calyxglobal.com

- 주요 평가 실적

  아프리카 쿡스토브 프로젝트 : 100만 개 이상의 효율적인 쿡스토브 보급

  아마존 열대우림 보호 프로젝트 : 100만 에이커 이상의 열대우림 보호

  태양광 발전 프로젝트 : 100MW 이상의 태양광 발전 설비 설치

4. Renoster

- 개요

  남아프리카 공화국 케이프타운에 본사를 둔 탄소배출량 관리 및 지속가능성 솔루션 회사(2015년 설립)

- 핵심 가치

  혁신 : 탄소배출량 관리 및 지속가능성 분야의 혁신적인 솔루션 개발

  책임 : 환경 및 사회에 대한 책임감 있는 기업 운영

- 주요 평가 기준

  환경적 영향 : 탄소배출량 감축 효과, 환경 오염 감소 효과

  사회적 영향 : 지역사회 발전 효과, 일자리 창출 효과

  경제적 영향 : 투자 수익률, 비용 효과

  지속가능성 : 프로젝트의 장기적인 지속가능성

- 주요 평가 실적

  재생에너지 투자 프로젝트 : 100MW 이상의 재생에너지 프로젝트 투자

  에너지 효율 개선 프로젝트 : 기업의 에너지 효율 개선을 통한 탄소배출량 감축

  산림 보호 프로젝트 : 100만 에이커 이상의 산림 보호

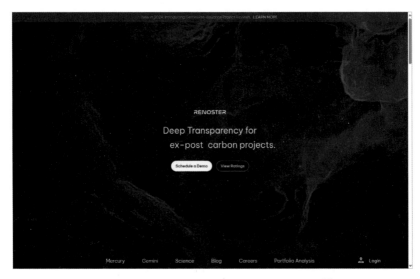

https://www.renoster.co

[NICE피앤아이-NAMU EnR, '자발적 탄소크레딧 스코어링 평가모형' 개발 협력]

NICE피앤아이와 NAMU EnR(나무 이엔알)이 국내에서는 처음으로 '자발적 탄소크레딧 스코어링 평가 비즈니스'를 위한 업무협약을 31일 맺었다.

자발적 탄소시장은 탄소 감축 의무가 없는 기업이나 비영리단체, 개인 등이 자발적으로 탄소 감축 프로젝트에 참여하고 크레딧(배출권)을 창출해 거래하는 민간 탄소배출권 시장을 말한다.

두 회사는 자발적 탄소시장에서 거래되는 탄소크레딧에 대한 스코어링 평가모형 개발분야에서의 협력을 공식화했다.

이 업무협약은 환경보호와 지속가능한 발전을 위한 비즈니스 협약으로 △ 자발적 탄소크레딧을 대상으로 한 스코어링 평가업무 △ E3(에너지·

환경·경제) 정보 플랫폼 개발 및 다양한 투자 인덱스 개발 △ 장내·외 파생상품 개발 및 프라이싱 △ 포럼 개최, 교육 프로그램 진행, 유튜브 채널 운영 등을 함께 추진할 예정이다.

탄소배출권 리서치 회사인 NAMU EnR은 탄소배출권시장과 신재생에너지시장을 대상으로 객관적이고 과학적인 분석기법을 이용, 시장전망 자료와 대응전략을 제시하고 있다. 이번 업무협약으로 자발적 탄소크레딧 시장분석을 추가했다.

염성필 NICE피앤아이 대표는 "탄소크레딧 평가 모델 개발은 환경적 책임과 시장 투명성을 높일 것으로 기대된다"며 "시장의 다양한 투자 지표와 공정한 가치평가 모형 개발을 통해 환경 및 에너지 분야에 기여할 수 있도록 하겠다"고 말했다.

김태선 NAMU EnR 대표는 "파리협정 체결로 자발적 탄소크레딧 시장에 대한 관심이 고조되고 있으나 최근 들어 그린워싱 문제가 불거지고 있다"며 "이러한 문제점을 해결하기 위해 핵심 탄소원칙에 입각한 탄소크레딧의 새로운 평가가 필요하며, 이번 NICE피앤아이와의 업무협약으로 자발적 탄소크레딧 시장 선진화에 초석이 되길 기대한다"고 말했다.

출처 : 서울파이낸스(http://www.seoulfn.com)

[NAMU EnR '한국형 자발적 탄소크레딧 등급 평가모형' 개발]

NAMU EnR은 국내 최초로 '한국형 자발적 탄소크레딧 등급 평가모형 (K-VCCRM)'을 개발했다고 14일 밝혔다.

NAMU EnR은 K-VCCRM 개발 배경에 대해 "최근 불거지고 있는 그린워싱(Greenwashing) 문제를 해결하기 위해서는 자발적 탄소크레딧에 대한 객관적이고 합리적인 등급 평가가 필요한 상황이기 때문"이라고 설명했다.

NAMU EnR이 개발한 K-VCCRM은 탄소크레딧 실수자 입장에서 베이직·마켓·프로젝트·밸류에이션·리스크 섹터 등 5대 대분류와 18개 소분류로 세분화해 입체적인 멀티 팩터(Multi Factor) 등급 평가모형을 구축했다는 점이 특징이다.

특히 자발적 탄소크레딧 수급요인, 감축 프로젝트에 대한 재무적 요인, 프로젝트 위험분석, 핵심 탄소원칙(CCP) 준수 등 정량적, 정성적 데이터들을 계량화해 적용했다.

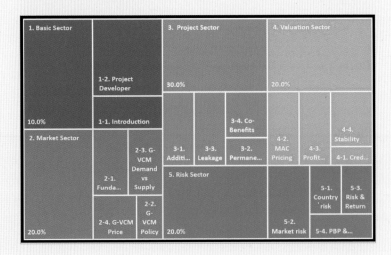

또한 가중치 결정과 점수 분포 및 등급 기준은 비선형 최적해, 요인분석, 계량통계 분석모형, 로그노멀 분포적용, 인버스 모형, Max-Min Threshold 등을 적용했다. 탄소크레딧 등급단계는 5분위를 기준으로 A+등급에서 D등급까지 총 10개 단계로 세분화했다.

김태선 NAMU EnR 대표는 "이번 K-VCCRM 개발로 그린워싱 문제점을 해결함과 동시에 탄소크레딧 공정가격 형성에도 기여할 것으로 기대한다"며 "앞으로 주요 협력기관들과 평가모형 고도화 및 선진화를 추진해 나아갈 계획"이라고 말했다.

출처 : 전기신문(https://www.electimes.com)

PART 9

자발적 탄소시장 이니셔티브

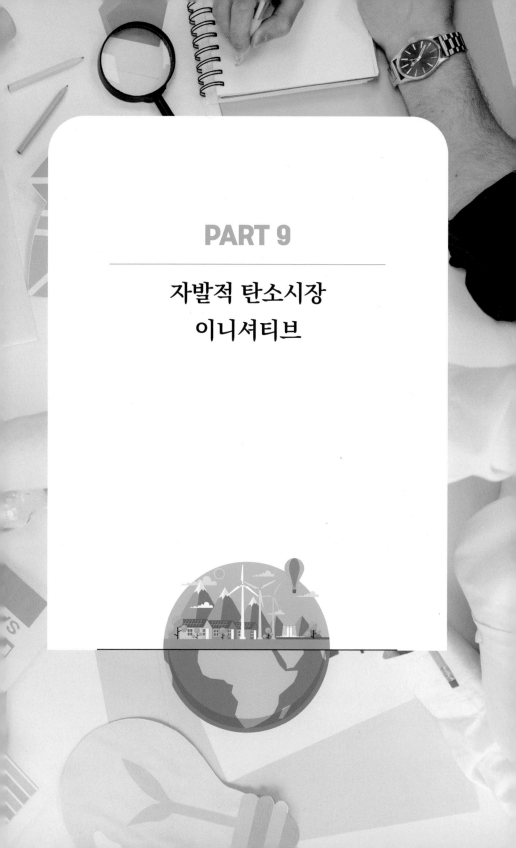

자발적 탄소시장 이니셔티브

자발적 탄소크레딧 시장에서 이니셔티브가 필요한 이유는 여러 가지가 있다.

첫째, 이니셔티브는 탄소중립을 향한 비즈니스 및 개인의 움직임을 촉진한다. 탄소크레딧을 구매하고 탄소배출을 줄이는 데 투자함으로써, 참여자들은 환경보호에 기여하고 탄소중립을 달성하는 데 동참한다.

둘째, 이니셔티브는 시장에 더 많은 경쟁과 혁신을 유도한다. 기업들이 탄소중립을 위한 솔루션을 개발하고 적용함으로써, 시장에서의 경쟁력을 향상시키고 새로운 비즈니스 기회를 창출할 수 있다. 또한, 이니셔티브는 탄소배출 감소에 대한 개인 및 기업의 의지를 강화하고, 사회적 책임감을 높인다.

자발적 탄소크레딧 시장에서 이니셔티브는 탄소중립을 향한 개인 및 기업의 노력을 촉진하기 위한 다양한 활동과 프로그램을 의미한다. 이니셔티브는 주로 탄소배출을 줄이고 탄소중립을 달성하기 위한 투자, 활동, 정책, 협력 등을 포함한다. 일반적으로 이니셔티브는 다음과 같은 형태로 나타난다.

탄소크레딧 구매 및 투자 : 기업이나 개인이 탄소크레딧을 구매해 탄소배출을 상쇄하고 친환경 프로젝트를 지원한다. 이는 자발적으로 탄소중립을 달성하기 위한 한 가지 방법이다.

탄소 감축 프로그램 : 기업이나 단체가 탄소배출을 줄이기 위한 프로그램을 개발하고 실행한다. 이러한 프로그램은 에너지 효율성 증진, 재생에너지 사용, 탄소배출 감축 기술 도입 등을 포함할 수 있다.

정부 및 비정부 기관의 지원 : 정부나 비정부 기관이 탄소중립을 촉진하기 위한 보조금, 장려금, 교육 프로그램 등을 제공한다.

협력과 파트너십 구축 : 기업들이나 단체 간의 협력을 통해 탄소중립을 위한 공동 프로젝트를 추진하거나 지원한다. 이를 통해 경험과 자원을 공유하고 효율적인 탄소 감축 방안을 발전시킨다.

환경보호 정책 및 노력 : 이니셔티브는 종종 환경보호에 중점을 두며, 탄소중립을 향한 규제 및 정책 개발에 기여할 수 있다.

이러한 이니셔티브들은 탄소크레딧 시장을 발전시키고 친환경적인 경제로의 전환을 촉진하는 데 중요한 역할을 한다.

1. SBTi

- 개요

SBTi는 Science Based Targets initiative의 약자로, 과학 기반 목표 이니셔

티브

기업의 온실가스 감축 목표 설정을 지원하는 국제적인 기구

2015년 CDP, WWF, WRI, UNGC 협력으로 설립

현재 4,000개 이상의 기업이 참여

- 현황

2023년 12월 기준, 4,300개 이상의 기업이 SBTi에 참여

참여 기업의 온실가스 배출량은 세계 총배출량의 25% 이상 차지

SBTi는 기업의 과학 기반 목표 설정을 위한 기준과 도구를 제공

기업은 SBTi의 검증 과정을 거쳐 목표를 승인받아야 함.

- 주요 원칙

과학 기반 : 기업의 목표는 기후 과학에 기반

야심적 : 기업의 목표는 글로벌 온난화를 1.5°C 이내로 제한하는 데 기여

투명성 : 기업의 목표는 투명하게 공개

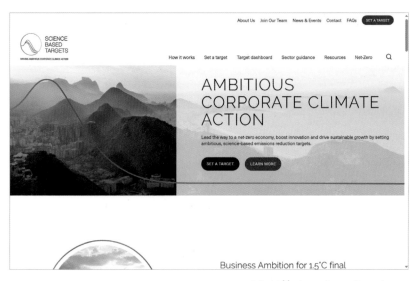

https://sciencebasedtargets.org

책임감 : 기업은 목표 달성을 위해 책임.

- 이니셔티브 내용

기업의 과학 기반 목표 설정 지원 : SBTi는 기업이 과학 기반 목표를 설정하는 데 필요한 기준, 도구, 지침을 제공

목표 검증 : SBTi는 기업의 목표가 과학 기반 목표 기준을 충족하는지 검증

기업의 목표 달성 지원 : SBTi는 기업이 목표를 달성하는 데 필요한 교육, 컨설팅, 네트워킹 기회를 제공

2. ICROA

- 개요

ICROA는 International Corporate Responsibility Alliance의 약자로, 국제 기업 책임 연합.

기업의 지속가능한 경영을 위한 다양한 프로그램을 운영하는 국제적인 기구 (1999년 설립)

현재 100개 이상의 기업이 참여

- 현황

2023년 12월 기준, 120개 이상의 기업이 ICROA에 참여

참여 기업은 다양한 산업 분야를 대표하는 글로벌 기업

ICROA는 기업의 지속가능한 경영을 위한 다양한 프로그램 운영

- 주요 프로그램

지속가능성 보고서 가이드라인, 기업 책임 평가, 교육 프로그램

- 주요 원칙

책임감 : 기업은 사회, 환경, 경제에 대한 책임

투명성 : 기업은 사업 활동 및 지속가능성 성과를 투명하게 공개

참여 : 기업은 이해관계자들과 적극적으로 소통하고 참여

지속가능성 : 기업은 지속가능한 발전을 위해 노력

- 이니셔티브 내용

지속가능성 보고서 가이드라인 개발 : ICROA는 기업의 지속가능성 보고서 작성을 위한 가이드라인을 개발

기업 책임 평가 : ICROA는 기업의 지속가능성 성과를 평가

교육 프로그램 제공 : ICROA는 기업의 지속가능성 경영 역량 강화를 위한 교육 프로그램을 제공

정책 참여 : ICROA는 지속가능성 관련 정책 개발에 참여

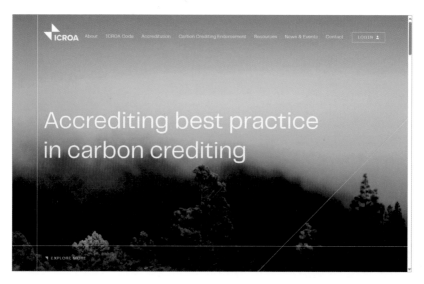

https://www.icroa.org

3. VCMI

- 개요

  VCMI는 Voluntary Carbon Markets Integrity Initiative의 약자로, 자발적 탄소시장 무결성 이니셔티브

  자발적 탄소시장의 투명성, 책임감, 신뢰성을 높이기 위한 국제적인 기구 (2021년 설립)

  현재 50개 이상의 기업, 단체, 정부기관이 참여

- 현황

  2023년 12월 기준, 70개 이상의 기업, 단체, 정부기관이 VCMI에 참여

  VCMI는 자발적 탄소시장의 무결성을 위한 다양한 가이드라인 및 도구 개발

- 주요 가이드라인

  VCMI 핵심 원칙, VCMI 프로젝트 평가 기준, VCMI 배출량 인증 기준

- 주요 원칙

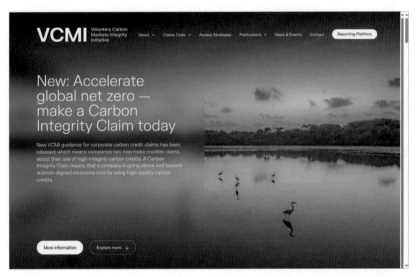

https://vcmi.org

투명성 : 자발적 탄소시장의 모든 정보는 투명하게 공개

책임감 : 자발적 탄소시장 참여자는 환경적, 사회적 책임

신뢰성 : 자발적 탄소시장은 신뢰할 수 있는 시장

추가성 : 자발적 탄소시장은 기존 규제 의무를 대체하는 것이 아니라 보완

- 이니셔티브 내용

자발적 탄소시장 무결성을 위한 가이드라인 및 도구 개발 : VCMI는 자발적 탄소시장 참여자들이 따라야 할 기준 및 도구를 개발

참여자들의 역량 강화 : VCMI는 참여자들의 역량 강화를 위한 교육 프로그램 및 워크숍을 제공

정책 참여 : VCMI는 자발적 탄소시장 관련 정책 개발에 참여

4. ICVCM

- 개요

ICVCM은 International Carbon Verification and Mitigation Mechanism의 약자로, 국제 탄소 검증 및 감축 메커니즘 (2015년 설립)

ICVCM은 기후변화 대응을 위한 탄소배출량 감축 및 검증 메커니즘 개발 및 운영을 목표

ICVCM은 정부, 기업, 시민사회 등 다양한 이해관계자들의 참여를 통해 운영된다.

- 현황

2023년 12월 기준, 30개 이상의 국가 및 기관이 ICVCM에 참여

ICVCM은 다양한 탄소배출량 감축 프로젝트 개발 및 운영

- 주요 프로젝트

산림 보호, 재생에너지 투자, 에너지 효율 개선

- 주요 원칙

과학적 근거 : ICVCM은 과학적 근거에 기반한 탄소배출량 감축 및 검증 메커니즘을 개발

투명성 : ICVCM은 모든 정보를 투명하게 공개

책임감 : ICVCM은 환경적, 사회적 책임

참여 : ICVCM은 정부, 기업, 시민사회 등 다양한 이해관계자들의 참여를 통해 운영

- 이니셔티브 내용

탄소배출량 감축 프로젝트 개발 및 운영 : ICVCM은 다양한 탄소배출량 감축 프로젝트를 개발하고 운영

탄소배출량 검증 기준 개발 : ICVCM은 탄소배출량 감축 프로젝트의 검증을 위한 기준을 개발

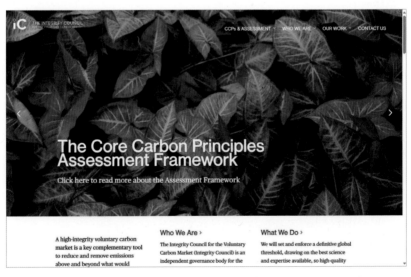

https://icvcm.org

역량 강화 : ICVCM은 참여자들의 역량 강화를 위한 교육 프로그램 및 워크숍을 제공

5. CCQI

- 개요

CCQI는 Climate Change Quality Initiative의 약자로, 기후변화 품질 이니셔티브

기후변화 관련 정보의 품질 관리를 위한 국제적인 기구(2021년 설립)

현재 30개 이상의 기업, 단체, 정부기관이 참여

- 현황

2023년 12월 기준, 40개 이상의 기업, 단체, 정부기관이 CCQI에 참여

CCQI는 기후변화 관련 정보의 품질 관리를 위한 다양한 가이드라인 및 도구 개발

- 주요 가이드라인

CCQI 핵심 원칙, CCQI 정보 공개 기준, CCQI 데이터 검증 기준

- 주요 원칙

정확성 : 기후변화 관련 정보는 정확

객관성 : 기후변화 관련 정보는 객관적

투명성 : 기후변화 관련 정보는 투명하게 공개

사용 편의성 : 기후변화 관련 정보는 사용하기 편리

- 이니셔티브 내용

기후변화 관련 정보 품질 관리 가이드라인 및 도구 개발 : CCQI는 기후변화 관련 정보의 품질 관리를 위한 기준 및 도구를 개발

참여자들의 역량 강화 : CCQI는 참여자들의 역량 강화를 위한 교육 프로그램 및 워크숍을 제공

정책 참여 : CCQI는 기후변화 관련 정보 품질 관리 정책 개발에 참여

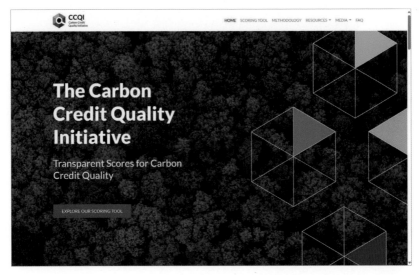

https://carboncreditquality.org

[UN SDGs, UN Sustainability Development Goals]

UN SDGs(유엔 지속가능 개발 목표)는 2000년부터 2015년까지 시행된 새천년 개발 목표(MDGs) 종료 후, 2015년 9월 새로 설정된 목표로, 2016년부터 2030년까지 새로 시행되는 유엔과 국제사회의 최대 공동 목표다.

인류의 보편적 사회문제(빈곤, 질병, 교육, 여성, 아동, 난민, 분쟁 등), 지구 환경 및 기후변화 문제(기후변화, 에너지, 환경오염, 물, 생물다양성 등), 경제 문제(기술, 주거, 노사, 고용, 생산 소비, 사회구조, 법, 인프라구축, 대내외 경제)를 2030년까지 17가지 주요 목표와 169개 세부 목표로 해결하고자 이행하는 국제사회 최대 공동 목표다. 2015년 제70차 UN 총회 및 UN 지속가능 개발 정상회의에서 193개국 만장일치로 제정되었다.

특히 SDGs는 매년 3조 3,000억~4조 5,000억 달러(3,850조~5,880조 원)의 천문학적 예산이 들어가며, 전 세계 산업계에도 큰 영향을 미치고 있다. 이러한 배경으로 SDGs는 글로벌 주요 기업이 기업경영 핵심가치로 삼는 '지속가능 경영', 'ESG 경영', '환경경영'의 가장 중심이 되는 글로벌 기준이 되고 있다.

Goal 1 : 모든 형태의 빈곤 종결

Goal 2 : 기아해소, 식량안보와 지속가능한 농업발전

Goal 3 : 건강 보장과 모든 연령대 인구의 복지증진

Goal 4 : 양질의 포괄적인 교육 제공과 평생학습기회 제공

Goal 5 : 양성평등달성과 모든 여성과 여아의 역량 강화

Goal 6 : 물과 위생의 보장 및 지속가능한 관리

Goal 7 : 적정가격의 지속가능한 에너지 제공

Goal 8 : 지속가능한 경제 성장 및 양질의 일자리와 고용보장

Goal 9 : 사회기반시설 구축, 지속가능한 산업화 증진

Goal 10 : 국가 내, 국가 간의 불평등 해소

Goal 11 : 안전하고 복원력 있는 지속가능한 도시와 인간거주

Goal 12 : 지속가능한 소비와 생산 패턴 보장

Goal 13 : 기후변화에 대한 영향방지와 긴급조치

Goal 14 : 해양, 바다, 해양자원의 지속가능한 보존 노력

Goal 15 : 육지생태계 보존과 삼림보존, 사막화 방지, 생물다양성 유지

Goal 16 : 평화적, 포괄적 사회증진, 모두가 접근 가능한 사법제도와 포괄적 행정제도 확립

Goal 17 : 이 목표들의 이행수단 강화와 기업 및 의회, 국가 간의 글로벌 파트너십 활성화

출처 : http://asdun.org/?page_id=2183

[UN SDGs 협회의 ESG 프레임워크]

비재무적 요소였던 환경(Environmental)·사회(Social)·지배구조(Governance)가 전 세계 기업과 주요 금융기관, 기관 투자자, 주주들의 핵심 가치로 주목받았다. 지속가능 경영과 투자를 위해 기업이 필수적으로 이행해야 하는 경영활동이 되었다.

특히 2019년 코로나 감염병(COVID-19) 발생 이후 '친환경', '사회적 가치', '윤리적 행동'이 각국 정부와 의회의 주요 정책이 되었다. 그리고 기업, 시민사회, 소비자들에게 지속가능한 생산과 소비가 확산되며 관련 활동과 수여가 크게 확대되고 있다.

ESG금융은 주주 및 기관 투자자들이 기업에 대한 투자 의사결정 시 '지속가능 투자'의 관점에서 기업의 재무적 요소들과 함께 고려하며, 사회적·윤리적 가치 및 친환경 지속가능성을 반영하는 투자하는 방식이다.

2021년부터 EU를 비롯해, 미국 등 주요국에서 기업의 재무적 성과만을 판단하던 전통적 방식과 달리, 장기적 관점에서 기업 가치와 지속가능성에 영향을 주는 ESG(환경·사회·지배구조) 등을 반영해 평가하게 된다. 기업의 ESG 성과를 활용한 투자 방식은 투자자들의 장기적 수익을 추구하는 한편, 기업 행동이 사회에 이익이 되도록 큰 영향을 줄 수 있다.

UN의 SDGs와 함께 기업과 투자자의 사회적 책임이 중요해지면서 세계적으로 많은 금융기관이 ESG 평가정보를 활용하고 있다. 영국(2000년)을 시작으로 스웨덴, 독일, 캐나다, 벨기에, 프랑스, 네덜란드 등 여러 나라에서 연기금을 중심으로 ESG 정보 공시 의무 제도를 도입하고 있다. NYSE(뉴욕증권거래소) 등에서도 공시의무를 추진하고 있다. UN은 2006년부터 ESG 이슈를 고려한 투자를 권고한 바 있다.

UN SDGs 협회는 국내 최초 ICMA(국제자본시장협회)의 ESG채권원칙 옵 서버기관이다.

ICMA는 1969년 설립된 국제 자본시장의 기준 기구로 현재 취리히, 런 던, 파리, 홍콩 등에 주요 사무소를 두고 62개국의 600개 글로벌기업, 자산운용사, 연기금, 증권사, 보험사, 중앙은행 등이 회원으로 가입되어 있다. 기업이 ESG채권을 발행하려면 ICMA의 채권 원칙에 반드시 부합 해야 한다.

협회는 이러한 국제적인 권한과 역할을 바탕으로, 국내외 다양한 파트너 들과 함께 ▷ Second Party Opinion · Guide line(외부 의견 및 가이드라 인) ▷ Scoring(글로벌 지수 자문) ▷ Verification(검증 자문) ▷ Globally Linked(글로벌 연계) ▷ Externally Linked(외부연계) ▷ ESG 교육 등을 지원한다.

또한, UN SDGs 협회는 글로벌 지속가능 경영 측정지수인 SDGBI(Sus tainable Development Goals Business Index)와 국제 친환경 인증인 GRP(Guidelines for Reducing Plastic Waste & Sustainable Ocean and Climate Action Acceleration) 그리고 전 세계에서 가장 지속가능한 리더 와 브랜드를 선정하는 Global Sustainable Leaders/Brand 100을 통 해, 글로벌 기업의 ESG 자문 및 가이드라인을 동시에 제공하고 있다. 협 회의 혁신적인 ESG 토탈 솔루션에 참여하시기를 권한다.

출처 : http://asdun.org/?page_id=2183

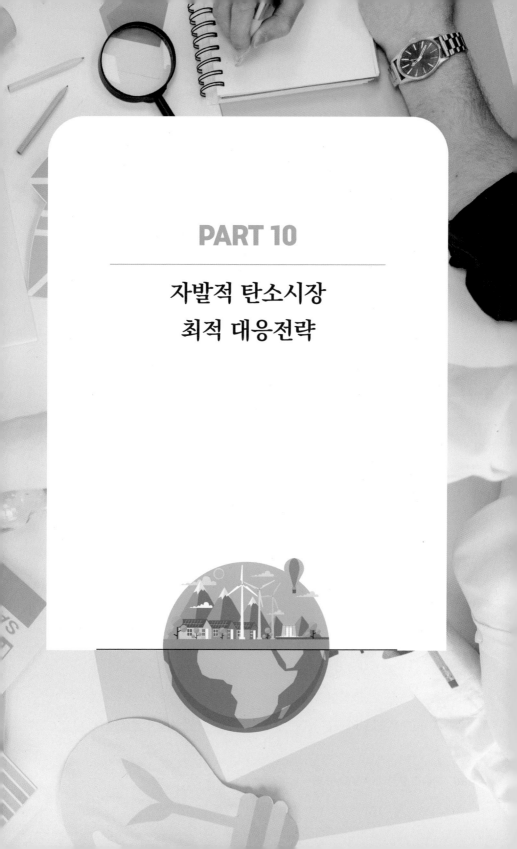

PART 10

자발적 탄소시장
최적 대응전략

자발적 탄소시장 최적 대응전략

최근 들어 자발적 탄소시장이 주목을 받게 된 계기는 파리 기후변화 협정 체결 이후, 제26차 유엔기후변화협약 당사국 총회(COP26)에서 국제 탄소시장 세부 이행지침이 채택된 것에 기인한다. 이는 국가 간 탄소크레딧을 거래하는 탄소시장을 보다 투명하고 통일된 국제규범을 만들어 주는 계기가 되었다.

파리협약 제6조는 시장 메커니즘(제6.2조, 제6.4조)과 비시장 메커니즘(제6.8조)에 기반한 국가 간 협력에 대한 합의 내용을 담고 있는 조항으로 국가 간 협력을 통해 각국의 온실가스 감축 목표(NDC, Nationally Determined Contribution) 달성과 함께 자발적 탄소크레딧 시장(VCM)과의 연계 가능성을 열어놓았다.

온실가스 감축 프로젝트(CDM CER)의 유효기간은 1회당 최대 7년으로 2회 갱신 가능(최대 21년)한 경우와 유효기간 1회당 최대 10년으로 2회 갱신 가능(최대 30년)으로 장기간의 프로젝트로 듀레이션이 길다.

자발적 탄소크레딧은 NDC 달성, CORSIA 프로그램, RE100 캠페인, ESG

경영 등 다양한 분야에 활용된다. 특히 최근에는 탄소 넷제로(Net-Zero)를 선언한 글로벌 다국적 기업을 중심으로 자발적 탄소크레딧 확보를 통해 지속 가능 경영을 가속화하고 있다.

글로벌 자발적 탄소시장에서 탄소크레딧 발행 규모는 2018년 1억 6,600만 톤에서 2021년 3억 6,600만 톤으로 연평균 30% 이상 성장했다. 거래규모 또한 2018년 9, 900만 톤에서 2021년 2억 3,900만 톤으로 연평균 34.1% 증가했다. 조림 및 재조림프로젝트의 경우 무렵 2018년 대비 672.0% 성장했다.

이러한 성장세 속에서 표준인증 및 등록기관(베라, 골드 스탠더드 등)들이 발행한 자발적 탄소크레딧에 대한 신뢰성 문제가 부각되면서 그린워싱 이슈가 본격화되었다. 그 결과 자발적 탄소크레딧에 대한 수요둔화로 자발적 탄소크레딧의 가격은 연이어 사상 최저치를 경신하고 있다.

급기야 2023년 3월 30일, 무결성위원회(ICVCM, The Integrity Council for Voluntary Carbon Market)에서 10대 핵심 탄소원칙(CCP, Core Carbon Principle)을 발표되었다.
글로벌 자발적 탄소크레딧 시장은 민간주도하에서 형성된 시장인 만큼 발행된 크레딧에 대해서 신뢰성이 담보되어야 하고 더 나아가서 투명성, 안정성, 유동성, 편리성, 다양성, 이중계상 방지 등 글로벌 스탠더드에 부합하도록 운영되어야 한다.

최근 미국, 유럽발 ESG 규제 강화, 탄소국경조정제도(CBAM), RE100, ESG 공시 의무화, EU 배터리법, CDP 대응, Scope3 배출량 산정, 넷제로 전략 등

환경 규제가 무역장벽으로 새롭게 등장하고 있는 상황하에서 규제적 탄소시장 대응과 함께 자발적 탄소시장에 대한 과감한 투자가 요구된다.

고품질 탄소크레딧
확보방안

1. ICVCM 10대 핵심 탄소원칙(CCPs)

자발적 탄소배출권 시장의 무결성을 판별하는 무결성 위원회(ICVCM, The Integrity Council for Voluntary Carbon Market)에서 2023년 3월 30일, 핵심 탄소원칙(CCP, Core Carbon Principle)을 발표되었다. ICVCM은 자발적 탄소배출권 시장의 시장 수요 증가에 따른 크레딧 발급 규칙 및 표준을 제정하기 위해 유엔 주도로 출범한 독립기구다.

10대 핵심 탄소원칙(CCP) 제정으로 자발적 탄소크레딧에 대한 신뢰성 제고와 함께 그린워싱의 문제점도 해결될 것으로 기대된다. 10대 핵심 탄소원칙 제정으로 글로벌 자발적 탄소배출권 시장에 대한 제도적 인프라가 마련된 셈이다.

핵심 탄소원칙은 어떤 탄소크레딧이 온실가스 감축활동에 실질적으로 기여하는 고품질 크레딧인지 판단할 통일된 기준을 제시함으로써 자발적 탄소시장의 무결성(Integrity)을 확보하는 것이 목적이다.

[자료 10-1] 10대 핵심 탄소원칙(CCP)

출처 : ICVCM 위원회

핵심 탄소원칙은 공개 및 지속가능한 개발에 대한 엄격한 기준을 설정하는 높은 무결성 탄소배출권에 대한 글로벌 벤치마크다. 핵심 탄소원칙은 자발적 탄소시장 전반에 걸쳐 수백 개 조직의 의견을 바탕으로 개발되었다. 핵심 탄소원칙은 10가지로 다음과 같다.[3]

(1) 거버넌스(Governance)

① 효과적인 거버넌스(Effective governance)

탄소배출권 프로그램은 탄소배출권의 투명성, 책임성, 지속적인 개선 및 전반적인 품질을 보장하기 위한 효과적인 프로그램 거버넌스를 갖춰야 한다.

② 추적(Tracking)

탄소배출권 프로그램은 배출권을 안전하고 명확하게 식별할 수 있도록

---

3) https://www.impacton.net/news/articleView.html?idxno=6951

탄소배출권 발행 및 완화 활동을 고유하게 식별, 기록 및 추적하기 위해 등록 명부를 운영하거나 사용해야 한다.

③ 투명도(Transparency)

탄소크레딧 프로그램은 모든 완화 활동에 대한 포괄적이고 투명한 정보를 제공해야 한다. 정보는 완화 활동을 면밀히 조사할 수 있도록 전자 형식으로 공개되어야 하며 전문가가 아닌 일반인도 접근할 수 있어야 한다.

④ 강력하고 독립적인 제3자 검증 및 검증(Robust independent third-party validation and verification)

탄소배출권 프로그램은 완화 활동에 대한 강력한 독립 제3자 검증 및 검증을 위한 프로그램 수준의 요구 사항을 갖춰야 한다.

(2) 배출 영향(Emissions Impact)

⑤ 추가성(Additionality)

온실가스(GHG) 배출 감소 또는 완화 활동의 제거는 추가성이 있어야 한다.

여기서 추가성은 감축 사업을 수행하지 않았을 때의 자연적 감축분에 비해 더 많은 온실가스 감축 효과를 내야 한다는 것으로 실제로 감축했거나 제거하지 않았으면 크레딧을 발행해서는 안된다.

⑥ 영구성(Permanence)

온실가스 완화 활동에서 배출량 감소 또는 제거는 영구적이거나 반전 위험이 있는 경우 이러한 위험을 해결하고 반전을 보상하기 위한 조치가 있어야 한다.

⑦ 배출량 감소 및 제거에 대한 강력한 정량화(Robust quantification of emission reductions and removals)

완화 활동으로 인한 온실가스 배출 감소 또는 제거는 보수적인 접근 방식, 완전성 및 과학적 방법을 기반으로 확실하게 정량화되어야 한다.

⑧ 이중 계산 불인정(No double counting)

완화 활동에서 온실가스 배출량 감소 또는 제거는 이중으로 계산해서는 안된다. 즉, 완화 목표 또는 목표를 달성하는 데 한 번만 계산한다. 이중 계산의 범위에는 이중 발급, 이중 청구 및 이중 사용이 포함된다.

(3) 지속가능한 개발(Sustainable Development)

⑨ 지속가능한 개발 혜택 및 보호 장치(Sustainable development benefits and safeguards)

탄소배출권 프로그램은 긍정적인 지속가능한 개발 영향을 제공하면서 완화 활동이 사회 및 환경보호에 대해 널리 확립된 업계 모범 사례를 준수하거나 그 이상을 달성하도록 명확한 지침, 도구 및 준수 절차를 갖춰야 한다.

⑩ 넷제로 전환에 대한 기여(Contribution toward net zero transition)

완화 활동은 금세기 중반까지 온실가스 순배출 제로 달성 목표와 양립할 수 없는 온실가스 배출, 기술 또는 탄소 집약적 관행에 막혀서는 안된다.

항목	내용
추가성 (Additionality)	온실가스 배출 경감 활동으로부터의 감축은 추가적이어야 한다. 즉, 프로젝트를 수행하지 않았을 때의 자연적인 감축량에 비해 더 추가적인 감축 효과가 발생해야 한다.
감축 활동 정보 (Mitigation activity information)	탄소 크레딧 프로그램 활동에 대한 포괄적이고 투명한 정보를 제공해야 한다. 이 정보는 전자 형식으로 공개되어야 하며, 비전문가를 포함하여 모두가 이용할 수 있어야 한다.
이중 계산 방지 (No double counting)	한 번 배출권으로 판매된 감축량은 다른 감축 목표에 다시 사용되어서는 안 된다. 이중 계산에는 이중 발급, 이중 청구, 이중 사용을 포함한다.
영구성 (Permanence)	탄소 감축 활동에서 온실가스 배출 감소 또는 제거는 영구적이어야 하며, 다시 대기 중으로 배출되지 않아야 한다
프로그램 거버넌스 (Program governance)	탄소배출권 프로그램은 투명성, 책임성 및 탄소배출권의 전반적인 품질을 보장하기 위한 효과적인 거버넌스를 가져야 한다.
등록부 (Registry)	탄소 크레딧이 안전하고 분명하게 식별될 수 있도록 발행된 탄소배출권과 감축 활동을 고유하게 식별, 기록 및 추적하기 위한 등록부를 운영하거나 사용해야 한다.
독립적인 제3자 확인 및 검증 (Robust independent third-party validation and verification)	탄소 크레딧 프로그램은 감축 활동에 대해 인가된 기관에 의해 강력하고 독립적인 제3자 확인 및 검증이 되어야 한다.
배출 감소 및 제거에 대한 정량화 (Robust quantification of emission reductions and removals)	감축 활동은 보수적인 접근방식, 완전성 및 건전한 과학적 방법에 기초하여 강력하게 정량화되어야 한다.
지속가능한 개발 영향 및 안전조치 (Sustainable development impacts and safeguards)	사회 및 환경에 대해 광범위하게 확립된 업계 모범사례를 준수하도록 보장하는 동시에 지속가능한 개발에 긍정적인 영향을 미칠 수 있는 명확한 지침, 도구 및 준수 절차를 제공해야 한다
넷제로 배출로 전환 (Transition towards net-zero emissions)	탄소 감축 활동이 2050년까지 넷제로(Net-zero)를 달성하는 것과 양립할 수 없는 온실가스 배출, 기술 또는 탄소 집약적 관행 수준을 수반해서는 안 된다.

출처 : ICVCM 위원회

2. VCMI의 고품질 크레딧 청구 지침(Claims Code of Practice)

자발적 탄소시장의 표준화된 기준을 제도화하기 위해 영국 정부와 UNDP(유엔개발계획)주도로 결성된 VCMI(Voluntary Carbon Markets Integrity Initiative)는 2022년 6월 'Claims Code of Practice' 초안을 수립해, 기업들이 자사의 자발적 탄소크레딧 품질을 증명하기 위해 준수해야 할 4단계 지침을 제시했다.

자발적 탄소시장의 탄소크레딧 발급과 사용에 관한 표준을 만들고 있는 자발적 탄소시장 무결성 이니셔티브(Voluntary Carbon Markets Integrity Initiative, VCMI)가 2023년 11월 28일 탄소 감축 사업을 통해 탄소상쇄 크레딧을 발급받으려는 기업의 탄소 감축 활동과 탄소크레딧 발행의 적정성을 검증하기 위한 가이던스를 공개했다.

가이던스의 핵심은 감축 활동에 문제가 없다고 주장하는 기업의 '탄소 무결성 청구(Carbon Integrity Claims)'를 검증하는 모니터링과 공시, 인증(MRA, Monitering, Reporting, Assurance) 방법론이다.

[자료 10-3] VCMI Claim을 만드는 4가지 순서

출처 : VCMI

[자료 10-3] Step One 단계에서 4가지 기본 충족 조건은 ① 기업 GHG 인벤토리 유지 및 정보 공개, ② 단기 과학 기반 감축 목표 설정 및 관련 정보 공개 2050 장기적 넷제로 목표 설정, ③ 기후 목표 달성을 위한 재무 정보 및 거버넌스 거버넌스 공개, ④ 파리협정 목표와 일관된 정부 정책 등을 충족시

켜야 한다.

VCMI 보도자료에 따르면 "MRA 방법론'과 6월에 공개한 '무결성 이행지침'을 사용해 기업은 실버와 골드, 플래티넘 무결성 등급의 탄소크레딧 사용등급을 받을 수 있다"고 설명했다. 평가 등급은 기업이 단기적인 탄소 감축목표 이행에 진전을 이룬 후 잔여 배출량을 상쇄하기 위해 소각한 탄소크레딧 중 고품질 배출권이 차지하는 비중에 따라 결정된다.

[자료 10-4] VCMI Claim 등급 기준

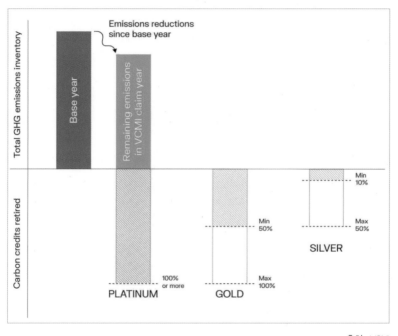

잔여 배출량의 100% 또는 그 이상의 고품질 탄소크레딧을 매입해 소각하려는 기업은 플래티넘 무결성 등급을 신청할 수 있다. 잔여 배출량의 50%초과, 100% 미만에 해당하는 고품질 탄소크레딧을 매입해 소각하려는 기업

은 골드 무결성 등급을, 그리고 잔여 배출량의 10% 초과, 50% 미만의 고품질 탄소크레딧을 매입해 소각하려는 기업은 실버 무결성 등급을 각각 신청할 수 있다.

[더 가디언 등 언론 3사 "베라, 탄소크레딧 94%는 환상! 감축 성과 없어"]

2023년 1월 18일, 더 가디언은 독일 주간지 디차이트, 탐사보도매체 소스머터리얼 등과 합동취재 및 분석을 통해 베라(Verra)의 산림보호에 의한 탄소크레딧의 90% 이상이 기후에 기여하는 가치가 없다고 보도했다.

베라에 등록된 열대우림 프로젝트들 가운데 일부만이 삼림벌채 감소를 보여주었으며, 발행된 탄소크레딧의 94%가 기후변화에 기여하지 않는 것으로 나타났다. 케임브리지대 연구팀에 따르면, "베라에 의해 등록된 인증 사업의 효과가 평균 400%가량 부풀려졌다"고 주장했다. 명품 기업 구찌, 석유 기업 셸, 소프트웨어 업체 세일즈포스 등 유명 기업 상당수가 베라의 친환경 주장에 입증해 크레딧을 구매했다. 이들 기업은 탄소중립을 위한 기여라고 홍보 중이다.

이들 REDD+ 프로젝트들 중 최소 1개는 인권문제를 안고 있었다. 일례로 더가디언이 취재한 남미 페루의 한 프로젝트의 경우 공원 경비원과 경찰들이 톱과 밧줄로 열대우림 속 현지인들의 집을 부쉈고, 일부는 당국에 의해 강제 퇴거 위협에 직면했다. 베라를 통해 승인된 REDD+에서 나온 탄소크레딧 중 94%는 발행이 적절하지 않단 분석이 나왔다.

출처 : https://greenium.kr/greenbiz-industry-vcm-verra-redd-guardian

['청정 쿡스토브' 지원사업 … '탄소상쇄 10배 부풀려 거래']

다국적기업들에게 가장 인기 있는 탄소상쇄 방법인 '청정 쿡스토브' 보급사업이 기후에 미치는 실질적 혜택보다 10배 이상 부풀려져 거래되고 있는 것으로 드러났다. 개발도상국에서는 목재와 파라핀, 등유 등 연기가 많은 연료로 취사를 한다. 이는 전세계 온실가스 배출량의 2%를 차지할 정도로 대기오염을 유발한다. 뿐만 아니라 유독가스로 인해 매년 320만 명이 조기사망 위험에 노출되어 있다.

쿡스토브는 이 문제를 해결해줄 수 있는 친환경 취사도구로 각광받고 있다. 전기밥솥처럼 깨끗한 대체연료를 사용하기 때문에 공기질을 개선할 수 있고 사람들의 건강도 개선할 수 있기 때문이다. 특히 땔감을 구하기 위해 산림과 서식지를 훼손하는 것도 줄일 수 있다. 이에 국제구호단체들이 앞다퉈 저개발국을 대상으로 쿡스토브 보급사업을 진행하고 있다.

산림훼손을 줄이고 건강과 사회 환경에 이점을 가져다주기 때문에 이 프로젝트에 자금을 지원하면 탄소배출권을 상쇄할 수 있다. 다국적 기업들이 쿡스토브 보급사업에 뛰어드는 것도 이 때문이다. 탄소거래 추적연구소 버클리 탄소거래 프로젝트(Berkeley Carbon Trading Project)가 집계한 바에 따르면, 지난해 5월~11월까지 쿡스토브 프로젝트가 신규 배출권의 약 15%를 차지했을 정도다. 각 탄소배출권은 이산화탄소(CO_2) 1톤을 의미한다.

하지만 쿡스토브의 탄소배출상쇄가 실질적인 기후혜택보다 훨씬 부풀려져 있다는 지적이다. 미국 캘리포니아대학교 버클리(University of California, Berkeley) 연구진의 조사에 따르면, 쿡스토브 프로젝트는 세계보건기구(WHO) 기준을 충족하지 못할 뿐만 아니라 실제로 생성되는 탄소상쇄보다 10배 과장된 형태로 거래되고 있다고 밝혔다.

논문의 주 저자인 안넬리스 길위(Annelise GillWieh) 캘리포니아대학교 버클리 연구원은 "5가지 쿡스토브 탄소배출상쇄 방법론을 종합적으로 평가한 결과, 시장의 40%에 해당하는 샘플이 9.2배 과대평가되었다"면서 "이를 전체 시장으로 추산하면 탄소배출상쇄가 약 10배 부풀려져 있다는 것을 알 수 있다"고 말했다. 또 그는 "이같은 일이 벌어지면 결국 탄소거래시장의 신뢰가 약화된다"고 지적했다.

다만 연구진은 "쿡스토브 사업 자체가 문제있는 것은 절대 아니다"라고 하며 "탄소배출권에 관한 규칙을 개혁해 신뢰할 수 있는 기후 재원을 제공할 필요가 있다"고 말했다. 아울러 쿡스토브 프로젝트가 과장돼 거래되지 않도록 하는 방법을 찾아야 한다는 강조했다. 실제 일부 쿡스토브 보급단체는 쿡스토브 사용량 재조사에 돌입한 것으로 알려졌다. 이번 연구결과는 국제학술지 네이처 지속가능성(Nature Sustainability)에 게재되었다.

출처 : https://www.newstree.kr/newsView/ntr202401240010

감축 프로젝트
리스크 관리방안

글로벌 자발적 탄소크레딧 시장에서 진행되고 있는 감축 프로젝트 수는 2023년 말 현재 7,800여 개에 달하고 있다. 이 중에서 고품질의 탄소크레딧을 확보하는 일은 매우 어려운 일이다.

특히 지속가능 경영의 일환으로 자발적 탄소크레딧을 구매할 경우 지나치게 저렴한 탄소크렛딧만을 고집할 경우 ESG 경영에 대한 진정성을 의심받을 가능성이 높다. 또한, 이러한 감축 프로젝트의 투자는 장기적인 투자라는 관점에서 보면 고품질의 탄소크레딧을 확보하는 것은 매우 중요한 일이다.

자발적 탄소크레딧에 대한 글로벌 표준지침은 일반적으로 영구성, 추가성, 누출을 중심으로 이니셔티브들이 강조하고 있다. 특히 영구성의 경우 탄소크레딧 품질을 결정하는 주요 기준인 만큼, 탄소 격리 기간이 오래 지속되는 직접 공기포집(DAC), 탄소포집저장활용(CCUS), 바이오차(Biochar), 블루카본 등의 프로젝트에서 안정적인 탄소크레딧을 확보하는 전략이 필요하다.

자연기반 탄소크레딧의 경우 프로젝트 속성 상 장기적으로 저렴한 탄소크레딧의 확보가 가능한 까닭에 다국적 기업들의 참여가 상대가 높은 상황이다. 그러나 조림 및 재조림 프로젝트의 경우 흡수된 탄소가 대기에 재방출(Risk of Reversal)되거나 추가성 및 영구성에 대한 표준 부족, 탄소누출(Leakage) 문제 등으로 인해 탄소크레딧 품질이 저하되는 사례가 많다.

최근 불거진 자발적 탄소시장에 대한 그린워싱 문제는 IC-VCM의 10대 핵심 탄소원칙(CCPs) 원칙 발표와 VCMI(Voluntary Carbon Markets Integrity Initiative)의 고품질 크레딧 지침(Claims Code of Practice) 등의 발표와 자발적 탄소크레딧 평가기관들의 등장으로 개선될 가능성이 높다. 따라서 이들 기관의 원칙과 평가를 준용하는 탄소크레딧 확보방안 마련이 필요하다.

1. BeZero

자발적 탄소배출권의 BeZero 탄소 등급(BCR)은 특정 배출권이 1톤의 CO_2e를 방지, 감소 또는 제거할 가능성에 대해 평가를 한다.

BeZero의 접근 방식은 자연기반 프로젝트와 기술기반 프로젝트를 모두 다루며 프로젝트 설계 및 방법론 효율성에 중점을 둔다.

BeZero는 자발적 탄소크레딧 평가 시장에서 높은 시장 지배력을 차지하고 있으며 탄소크레딧 평가 등급은 '가장 높은 가능성(AAA 점수)'부터 '가장 낮은 가능성(D 점수)'까지 8점 척도를 사용한다.

BeZero 등급의 경우 등급이 'BB' 이상인 프로젝트만 고려하는 것이 좋다. 해당 기준점 미만의 프로젝트는 $1CO_2eq$ 톤을 회피 또는 제거를 달성할 가능성이 낮기 때문이다.

2. Sylvera

Sylvera는 산림 벌채 및 산림 황폐화(REDD+), 조림, 재조림 및 재조림(ARR), 개선된 산림 관리(IFM) 및 재생 가능 에너지원(RES) 프로젝트를 평가한다.

Sylvera의 등급은 빛 감지 및 거리 측정 기술("LiDAR")이 장착된 위성 및 드론의 원격 감지 데이터를 사용해 프로젝트에서 탄소를 방지, 감소 또는 제거하는 방법을 추정하는 모델 채택 후 측정된 값을 프로젝트 설계 문서의 계산된 값과 비교한다.

Sylvera 등급은 이행 가능성이 가장 높은 AAA부터 이행할 가능성이 가장 낮은 D까지의 척도로 측정한다.

등급 외에도 Sylvera는 프로젝트의 생물 다양성 및 지역사회 공동 이익에 대한 평가를 수행한다.

3. Calyx Global

Calyx는 GHG 위험 등급과 UN SDG 영향 등급을 모두 제공한다. GHG 등급은 탄소배출권이 $1tCO_2eq$에 해당하는 양을 줄이거나 제거한다는 주장을 충족하지 못하는 위험을 평가한다.

GHG 위험 평가에는 신용 발행 기관의 심사, 프로젝트 방법론 및 프로토콜 평가, 프로젝트 수준 평가가 포함된다.

플랫폼을 통해 투자자, 회사 및 기타 구매자는 프로젝트의 점수를 조회해 프로젝트가 대기 중 탄소 제거에 미치는 영향을 확인할 수 있다.

유엔 지속가능 개발 목표 영향 등급은 인정된 SDG 인증의 일부인 프로젝트의 공동 편익 영향만을 평가한다. 평가는 SDG 목표가 프로젝트 활동과 성과 결과 사이에 명확한 연관성을 가지고 있는지 여부와 성과 규모에 중점을 둔다.

4. Renoster

Renoster는 자발적 탄소크레딧 중 자연기반 탄소크레딧에 특화된 평가회사다. 평가 접근 방식은 추가성, 베이스라인, 누출, 검증 및 영속성이라는 5가지 원칙을 기반으로 감축 프로젝트를 평가한다.

5개 핵심 영역 모두 탄소배출권의 실질적인 이점을 결정하기 위해 평가되며 다른 평가기관과 달리 프로젝트의 공동 편익은 평가 요소에서 빠져 있다.

등급에 대한 Renoster의 접근 방식은 주로 위성의 지리공간 데이터인 원격 감지 기술에 특화되어 있다.

Renoster는 데이터에 대한 기본 추정치를 평가하는 것 외에도 지리공간 정보를 활용해 기후변화 및 삼림 벌채로 인해 탄소가 대기로 다시 배출될 위험 가능성을 분석하는 서비스도 제공한다.

[자료 10-5] 탄소크레딧 레이팅 기관별 평가 기준

구분	주요 내용
BeZero	• AAA부터 D등급까지 8점 척도로 평가 • VCS, GS, ACR, CAR, CDM, PVC 등 평가 • 추가성, 과잉발급, 영속성, 누출, 왜곡된 인센티브, 정책 등
Sylvera	• AAA에서 D등급까지 8점 척도로 평가 • VCS, GS, ACR, CAR, CDM, PVC 등 평가 • 탄소점수, 추가성, 영속성, 공동 편익을 핵심 요소로 평가
Calyx Global	• 온실가스 등급과 SDG 등급을 구분해 평가 • 추가성, 과잉발급, 영속성, 이중계상 등 평가
Carbon Credit Quality Initiative	• 1~5까지 5점 척도로 평가 • VCS, GS, ACR, CAR, CDM • 온실가스 영향 식별, 이중 계산 방지, 비영속성, 넷제로 전환, 제도적 장치, 환경·사회적 영향, 사업대상국 감축 목표 등

출처: 《자발적 탄소크레딧 시장 101》, 김태선 외 7인, 두드림미디어, 2024.03

자발적 탄소크레딧 매매 손익분석

1. 사례 1 : 투자자 D의 케이스

투자자 D는 자발적 탄소크레딧 토큰을 이용해 환경보호에 투자하고자 한다. 투자자 D는 10,000달러를 사용해 탄소크레딧 토큰을 구매하고, 이를 1년 동안 보유한 후 판매할 계획이다. 투자자 D의 목표는 토큰 보유기간 동안 얻을 수 있는 예상 수익을 계산하는 것이다.

투자 비용 계산 : 투자자 D는 10,000달러를 사용해 탄소크레딧 토큰을 구매한다.

예상 판매 가격 예측 : 투자자 D는 시장 조사와 분석을 통해 1년 후 탄소크레딧 토큰의 예상 판매 가격을 예측한다. 예상 판매 가격은 토큰의 가격 변동과 시장 상황에 따라 다를 수 있다.

예상 이자 수익 계산 : 투자자 D는 토큰을 보유하는 동안 발생할 수 있는 예상 이자 수익을 계산한다. 이를 위해 투자자 D는 탄소크레딧 토큰의 연간 이자율과 보유 기간을 고려한다.

손익 계산 : 투자자 D는 예상 판매 가격과 예상 이자 수익을 고려해 투자의 전체 손익을 계산한다. 이를 통해 투자의 수익률을 확인할 수 있다.

예를 들어, 투자자 D가 10,000달러로 탄소크레딧 토큰을 구매하고 1년 후 12,000달러에 판매할 것으로 예측한다고 가정해보자. 또한, 토큰을 보유하는 동안 발생하는 예상 이자 수익이 500달러라고 가정한다. 이 경우, 투자자 D의 총 수익은 2,500달러(판매 이익 2,000달러 + 이자 수익 500달러)이며, 이를 투자 비용인 10,000달러로 나눈 후 100으로 곱해 수익률을 계산할 수 있다.

투자자 D의 수익률 = ((총 수익 / 투자 비용) - 1) × 100

이 예시에서는 투자자 D의 수익률이 ((2,500 / 10,000) - 1) × 100 = 25%다.

2. 사례 2 : 기업 E의 케이스

기업 E는 환경보호를 위해 탄소크레딧 토큰을 구매하고 활용하기로 결정했다. 기업 E는 탄소발자국을 줄이고자 50,000달러를 투자해 탄소크레딧 토큰을 구매했다. 그리고 이를 사용해 온실가스 배출량을 상쇄하기 위한 환경 프로젝트를 지원하려고 한다. 기업 E는 토큰을 2년 동안 보유한 후 판매할 계획이다. 이후 기업 E는 투자의 손익과 수익률을 계산해 투자의 효과를 평가할 예정이다.

투자 비용 계산 : 기업 E는 50,000달러를 사용해 탄소크레딧 토큰을 구매했다.

투자 수익 계산 : 기업 E는 탄소크레딧 토큰 보유 기간 동안 발생할 수 있는 예상 이익을 계산한다. 이를 위해 기업 E는 환경 프로젝트를 통해 상쇄된 탄소배출량의 비용과 보유 기간을 고려한다.

손익 계산 : 기업 E는 투자한 비용과 예상된 이익을 고려해 투자의 전체

손익을 계산한다. 이를 통해 투자의 수익률을 확인할 수 있다.

예를 들어, 기업 E가 탄소크레딧 토큰을 2년 동안 보유한 후 환경 프로젝트로부터 발생하는 이익이 70,000달러라고 가정해보자. 이 경우, 기업 E의 총 수익은 20,000달러(환경 프로젝트로부터의 이익)이며, 이를 투자 비용인 50,000달러로 나눈 후 100으로 곱해 수익률을 계산할 수 있다.

> 기업 E의 수익률 = ((총 수익 / 투자 비용) - 1) × 100

이 예시에서는 기업 E의 수익률이 ((20,000 / 50,000) - 1) × 100 = 40%다.

부록

Voluntary Carbon Market Rankings

Voluntary Carbon Market Rankings 2023

Category	Winner	Runner-up
Best trading company	Numerco	SCB Group/Viridios Capital
Best advisory/consultancy	ClearBlue Markets	Virdios Capital
Best Law firm	Philip Lee	Holman Fenwick Willan
Best verification company	Earthood services	Verra
Best wholesaler	Numerco	SCB Group
Best broker	Numerco	Emstream
Best project developer, renewable energy	Combio Energia	Ecosecurities
Best project developer, energy efficiency	BURN Manufacturing	Ecosecurities
Best project developer, forestry and land-use	Ecosecurities	Biofílica Ambipar
Best project developer, blue carbon	Ecosecurities	Indus Delta Capital Limited
Best project developer, biodiversity	BioCarbon Partners	Terrasos
Best project developer, overall	Ecosecurities	BioCarbon Partners
Best offset retailer	Climate Impact Partners	EcoAct
Best GHG Crediting Programme/Standards Setter	Verra's Voluntary Carbon Standard	Puro.earth
Best registry provider	Verra	Ecoregistry
Best monitoring report	BioCarbon Partners	Moss.Earth
Best carbon exchange	ACX	Climate Impact X
Best market innovation	Viridios AI	Trove's Carbon Credit Integrity
Best crediting innovation (non-carbon)	Terrasos	Verra's Plastic Waste Reduction Standard
Best individual offsetting project	BioCarbon Partners' Luangwa Community Forest	Manoa REDD+ Project
Best corporate offsetting programme	Microsoft	N/A
Best initiative	The VCMI and IC-VCM collaboration	N/A

Voluntary Carbon Market Rankings 2022

Category	Winner	Runner-up
Best Trading Company	Redshaw Advisors	Viridios Capital
Best Advisory/Consultancy	ClearBlue Markets	Viridios Capital
Best Law Firm	Holman Fenwick Willan	Resilient LLP
Best Verification Company	EPIC Sustainability Services	SGS
Best Wholesaler	ClimatePartner	Numerco
Best Broker	CORE Markets (TFS Green)	Numerco / Evolution Markets
Best Project Developer, Renewable Energy	South Pole	ComBio Energia
Best Project Developer, Energy Efficiency	C-Quest Capital	BURN
Best Project Developer, Forestry and Land-Use	Kanaka Management Services	Biofílica Ambipar Environment
Best Project Developer, Public Health	Climate Impact Partners	C-Quest Capital
Best Project Developer, Blue Carbon	Indus Delta Capital	South Pole
Best Project Developer, Overall	Kanaka Management Services	Viridios Capital
Best Offset Retailer	Redshaw Advisors	Climate Impact Partners
Best GHG Crediting Programme	VCS (Verra)	Cercarbono
Best Registry Provider	Verra	American Carbon Registry
Best Monitoring/Impact Report	Biocarbon Partners Impact Report 2021	N/A
Best Carbon Exchange	ACX (AirCarbon Exchange)	CBL Markets (Xpansiv)
Best Market Innovation	Viridios AI	N/A
Best Individual Offsetting Project	Corridors for Life AR Project (IPÊ and Biofílica Ambipar)	N/A
Best Corporate Offsetting Programme	Delta Airlines	Viridios Capital
Best Initiative	Integrity Council for the Voluntary Carbon Market (ICVCM)	Viridios Capital

Voluntary Carbon Market Rankings 2021

Category	Winner	Runner-up
Best Trading Company	Redshaw Advisors	Vertis
Best Advisory Consultancy	Kanaka Management Services	Redshaw Advisors
Best Law Firm	Gabeiras & Asociados	Baker McKenzie
Best Verification Company	EPIC Sustainability Services	SGS
Best Wholesaler	ClimatePartner	ClimateCare
Best Broker	Numerco	Redshaw Advisors
Best Project Developer, Renewable Energy	South Pole	Sustainable Carbon Projetos Ambientals
Best Project Developer, Energy Efficiency	South Pole	EcoAct
Best Project Developer, Forestry and Land-Use	Kanaka Management Services	BCP (BioCarbon Partners)
Best Project Developer, Public Health	ClimateCare	South Pole
Best Project Developer, Blue Carbon	South Pole	EcoAct
Best Project Developer, Overall	Kanaka Management Services	BCP (BioCarbon Partners)
Best Offset Retailer	Redshaw Advisors	ClimateParner
Best GHG Crediting Programme	VCS (Verra)	ProClima
Best Registry Provider	Verra	EcoRegistry
Best Monitoring/Impact Report	The BCP Impact Report 2020	South Pole
Best Carbon Exchange	ACX (AirCarbon Exchange)	CBL Markets (Xpansiv)
Best Market Innovation	The CBL Global Emissions Offset (GEO)	N/A
Best Individual Offsetting Project	BCP's Luangwa Community Forest Project	N/A
Best Corporate Offsetting Programme	Microsoft: Carbon negative by 2030	N/A
Best Initiative	The LEAF Coalition	N/A

자발적 탄소시장 참여자 홈페이지 URL

Project Developers

FORLIANCE	https://forliance.com
anew/bluesource	https://anewclimate.com
InfiniteEARTH	https://infinite-earth.com
Wildlife Works	https://www.wildlifeworks.com
Climate Neutral Group	https://www.climateneutralgroup.com/en
Arbor Day Carbon	https://carbon.arborday.org
Removall Carbon	https://www.removall-carbon.com/en
Nanión Verde	https://www.nacionverde.org/en
Life Terra	https://www.lifeterra.eu/en
ecosecurities	https://www.ecosecurities.com
UNDO	https://un-do.com
The Seaweed Company	https://www.theseaweedcompany.com
Living Carbon	https://www.livingcarbon.com
FiniteCarbon	https://www.finitecarbon.com
Terraformation	https://www.terraformation.com
Mossy Earth	https://www.mossy.earth
inplanet	https://www.inplanet.earth
Veritree	https://www.veritree.com
Koltiva	https://www.koltiva.com/koltitrade

Financing

Livelihoods Funds	https://livelihoods.eu
Cultivo	https://cultivo.land
Climate Impact Partners	https://www.climateimpact.com
Ivy Protocol	https://www.ivyprotocol.com
Maya Climate	https://www.maya-climate.com
Base Carbon	https://basecarbon.com
Solid World	https://www.solid.world

Drone-based reforestation & OMV

Flash Forest	https://flashforest.ca
mastreforest	https://www.mastreforest.com
Land Life Company	https://landlifecompany.com
Skyseed	https://www.skyseed.eco
Dendra Systems	https://dendra.io

Independent data platforms

CarbonPlan	https://carbonplan.org
Albo	https://www.albosys.com
Gaia AI	https://www.gaia-ai.eco
Planet	https://www.planet.com
Collective Crunch	https://www.collectivecrunch.com
Zulu Forest Sciences	https://www.zuluecosystems.com
Cecil	https://cecil.earth
Forest Carbon Partnership	https://www.forestcarbonpartnership.org
Open Forest Protocol	https://www.openforestprotocol.org
Restor	https://restor.eco/?lat=26&lng=14.23&zoom=3
Space Intelligence	https://www.space-intelligence.com
Chloris Geospatial	https://www.chloris.earth
AlliedOffsets	https://alliedoffsets.com
Fix6	https://www.fix6.io
GEDI	https://gedi.umd.edu
Trove Research	https://trove-research.com/en
ACT	https://www.actcommodities.com
Riverse	https://www.riverse.io
UP42	https://up42.com

Carbon Offset Providers

Pachama	https://pachama.com
Pina	https://www.pina.earth/en
Reforestum	https://reforestum.com
EcoTree	https://ecotree.green/en
treeconomy	https://www.treeconomy.co
Nori	https://nori.com
Earthbanc	https://earthbanc.io
CORE Carbon	https://corecarbon.com
Taking Root	https://takingroot.com
Kanop	https://www.kanop.io
Earthood	https://www.earthood.in/index.php
MyCarbon	https://mycarbon.solutions
Earthshot Labs	https://www.earthshot.eco
Treemetrics	https://treemetrics.com
biodiver.city	https://biodiver.city

Standards & Registries

Verra	https://verra.org
Gold Standard	https://www.goldstandard.org
Plan Vivo	https://www.planvivo.org
REDD+	https://redd.unfccc.int
UNFCCC	https://offset.climateneutralnow.org
Climate Action Reserve	https://www.climateactionreserve.org
American Carbon Registry	https://acrcarbon.org
Global Carbon Council	https://www.globalcarboncouncil.com
Universal Carbon Registry	https://www.ucarbonregistry.io
International Carbon Registry	https://www.carbonregistry.com
Bio Carbon Registry	https://biocarbonstandard.com/en
Wildsense	https://wildsense.co
Aster Global	https://www.asterglobal.com
SCS Global	https://www.scsglobalservices.com

Independent Ratings

Sylvera	https://www.sylvera.com
BeZero	https://bezerocarbon.com
Calyx Global	https://www.calyxglobal.com
Renoster	https://www.renoster.co

Carbon Brokers

Climate Partner	https://www.climatepartner.com/en
Climate Neutral Group	https://www.climateneutralgroup.com/en
South Pole	https://www.southpole.com
myclimate	https://www.myclimate.org/en
Cool Effect	https://www.cooleffect.org
Strive	https://strive.stxgroup.com
Earthly	https://earthly.org/en-US
Earthbanc	https://earthbanc.io
EKI Energy Services	https://enkingint.org
First Climate	https://www.firstclimate.com
Arbor Day Carbon	https://carbon.arborday.org
Terrapass	https://terrapass.com
Blue Marble	https://blue-marble.co.uk
Sustaim	https://www.sustaim.earth

Trading Platforms

Xpansiv	https://xpansiv.com
CTX Global	https://ctxglobal.com
Climate Impact X	https://www.climateimpactx.com
Air Carbon Exchange	https://acx.net
ICE	https://www.ice.com/index
CME Group	https://www.cmegroup.com
EEX	https://www.eex.com/en
enmacc	https://enmacc.com
STX Group	https://stxgroup.com

Tokenization of Carbon Credits

Toucan Protocol	https://toucan.earth
Flowcarbon	https://www.flowcarbon.com
Moss Earth	https://mCO2token.moss.earth
SavePlanetEarth	https://www.saveplanetearth.io
Single.Earth	https://www.single.earth
Coorest	https://coorest.io
Rebalance Earth	https://www.rebalance.earth
Carbon Stack	https://carbonstack.de/#/de
Treedefi	https://treedefi.com/carbon-credit

Marketplaces

Cloverly	https://cloverly.com
NCX	https://ncx.com
Goodcarbon	https://www.goodcarbon.earth/en
Thallo	https://www.thallo.io
Patch	https://www.patch.io
Salesforce	https://www.salesforce.com/?ir=1
Senken	https://www.senken.io
Regen Network	https://www.regen.network
Climate Trade	https://market.climatetrade.com/results
Likvidi	https://www.likvidi.com
Puro Earth	https://puro.earth
GreenTrade	https://greentrade.tech
Ceezer	https://www.ceezer.earth

Direct Offerings

Wren	https://www.wren.co
Reforest`action	https://www.reforestaction.com/en
Ecologi	https://ecologi.com
climeco	https://shop.climeco.com

Initiative

SBTi	https://sciencebasedtargets.org
ICROA	https://icroa.org
VCMI	https://vcmintegrity.org
ICVCM	https://icvcm.org
CCQI	https://carboncreditquality.org

Verification & Validation Bodies

Aviation ETS Verifier	https://www.verifavia.com
FINEXFI	https://finexfi.fr
KPMG	https://kpmg.com/xx/en/home.html
Collectif Transition	https://www.collectif-transition.fr

자발적 온실가스 감축 프로젝트 10선

1. Fuel Switching

Fuel Switching

The Mitigation Options	▼		
Fuel		2	
Capacity (MW)	4,000		
Availability	30.00%		
Electricity Production	10,512,000 MWh/year		37,843,200

Replaces the Baseline Options	▼		
Fuel		10	
Capacity	1,500		
Fuel Consumption	35,040,000 MWh/year		126,144,000

연간 투자비용	경감 (Mitigation)	기준 (Baseline)	증감 (경감 . 기준)
Unit Capital Cost (KRW/kW)	2,200,000	11,000,000	-8,800,000
Total Capital Cost (KRW)	8,800,000,000,000	16,500,000,000,000	-7,700,000,000,000
Lifetime (Years)	30	35	-5
Total Investment Cost (KRW)	572,452,628,706	1,007,683,169,309	-435,230,540,603
Unit Variable O+M Costs (KRW/MWh)	20	3	17
Total Annual O&M Costs (KRW)	210,240,000	105,120,000	105,120,000
Annual Fuel Cost (KRW)	227,059,200	126,144,000	100,915,200
Total Annual Cost (KRW)	572,889,927,906	1,007,914,433,309	-435,024,505,403

온실가스 배출량	경감 (Mitigation)	기준 (Baseline)	감축량 (기준 . 경감)
Fuel CO2	2,802,920	11,933,222	
Fuel N2O	23	177	
Fuel CH4	76	126	
Total CO2eq	2,811,381	11,988,398	9,177,016

KRW/tCO2eq			-47,404

2. LPG Gas Stove

LPG Gas Stove	
Number of Stoves	3,500,000
The mitigation option - LPG Stoves	▼
Fuel	8
Unit fuel consumption	4 GJ/unit-year
Total Fuel Use	14,000,000 GJ/year
Replaces the baseline option - Kerosene Sto	▼
Fuel	4
Unit fuel consumption	8 GJ/unit-year
Total Fuel Use	28,000,000 GJ/year

연간 투자비용	경감 (Mitigation)	기존 (Baseline)	증감 (경감 _ 기존)
Unit Investment Cost (KRW/Stove)	44,000	15,000	29,000
Lifetime (Years)	8.0	5.0	3.0
Unit Annualized Investment (KRW)	6,808	3,465	3,343
Total Investment Cost (KRRW)	23,827,159,299	12,126,176,902	11,700,982,397
Annual Fuel Cost (KRW)	215,600,000,000	246,400,000,000	-30,800,000,000
Total Annual Cost (KRW)	239,427,166,106	258,526,180,366	-19,099,014,260

온실가스 배출량	경감 (Mitigation)	기존 (Baseline)	감축량 (기존 _ 경감)
Fuel CO2	882,933	2,012,267	1,129,333
Fuel N2O	8.40	16.80	8.40
Fuel CH4	14.00	196.00	182.00
Total tCO2eq (Tonnes)	885,742	2,021,747	1,136,006
Tonne CO2 Reduction/Stove			0.3246

KRW/tCO2eq			-16,812

3. Industrial Motors

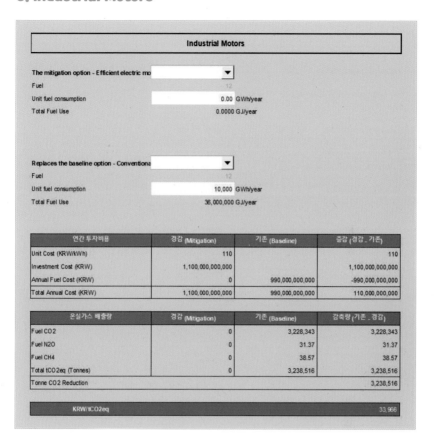

	Industrial Motors		

The mitigation option - Efficient electric mo [▼]

Fuel   12

Unit fuel consumption   0.00 GWh/year

Total Fuel Use   0.0000 GJ/year

Replaces the baseline option - Conventiona [▼]

Fuel   12

Unit fuel consumption   10,000 GWh/year

Total Fuel Use   36,000,000 GJ/year

연간 투자비용	경감 (Mitigation)	기존 (Baseline)	증감 (경감 _ 기존)
Unit Cost (KRW/kWh)	110		110
Investment Cost (KRW)	1,100,000,000,000		1,100,000,000,000
Annual Fuel Cost (KRW)	0	990,000,000,000	-990,000,000,000
Total Annual Cost (KRW)	1,100,000,000,000	990,000,000,000	110,000,000,000

온실가스 배출량	경감 (Mitigation)	기존 (Baseline)	감축량 (기존 _ 경감)
Fuel CO2	0	3,228,343	3,228,343
Fuel N2O	0	31.37	31.37
Fuel CH4	0	38.57	38.57
Total tCO2eq (Tonnes)	0	3,238,516	3,238,516
Tonne CO2 Reduction			3,238,516

KRW/tCO2eq			33,966

4. Efficient Refrigerators

Efficient Refrigerators			

Number of Refrigerators   3,000,000

The mitigation option - Efficient refrigera   ▼
Fuel   12
Unit fuel consumption   400   kWh/unit-year   1.44
Total Fuel Use   4,320,000   GJ/Year

Replaces the baseline option - Conventic   ▼
Fuel   12
Unit fuel consumption   700   kWh/unit-year   2.52
Total Fuel Use   7,560,000   GJ/Year

연간 투자비용	경감 (Mitigation)	기존 (Baseline)	증감 (경감 - 기존)
Unit Investment Cost (KRW/Refrigerator)	550,000	330,000	220,000
Lifetime (Years)	10	8	2
Unit Annualized Investment (KRW)	71,228	51,058	20,169
Total Investment Cost (KRW)	213,682,548,693	153,174,595,491	60,507,953,202
Annual Fuel Cost (KRW)	118,800,000,000	207,900,000,000	-89,100,000,000
Total Annual Cost (KRW)	332,482,548,693	361,074,595,491	-28,592,046,798

온실가스 배출량	경감 (Mitigation)	기존 (Baseline)	감축량 (기존 - 경감)
Fuel CO2	387,401	677,952	290,551
Fuel N2O	3.76	6.59	2.82
Fuel CH4	4.63	8.10	3.47
Total CO2eq	388,622	680,088	291,466
Tonne CO2 Reduction/Refrigerator			0.10

KRW/tCO2eq			-98,097

5. Hydro Vehicles

	Hybrid Vehicles		
Number of Vehicles:	1,000,000		
The mitigation option - Hybrid cars	▼		
Fuel	3		
Unit fuel consumption	35.80 GJ/vehicle-year		
Total Fuel Use	35,804,160 GJ/Year		

Replaces the baseline option - Conventiona	▼ ICE cars		
Fuel	3		
Unit fuel consumption	59.67 GJ/vehicle-year		
Total Fuel Use	59,673,600 GJ/Year		

연간 투자비용	경감 (Mitigation)	기존 (Baseline)	증감 (경감 - 기존)
Unit Investment Cost (KRW/Vehicle)	5,500,000	0	5,500,000
Lifetime (Years)	15	0	15
Unit Annualized Investment (KRW)	529,883	0	529,883
Total Investment Cost (KRW)	529,882,581,851	0	529,882,581,851
Annual Fuel Cost (KRW)	393,845,760,000	656,409,600,000	-262,563,840,000
Total Annual Cost (KRW)	923,728,341,851	656,409,600,000	267,318,741,851

온실가스 배출량	경감 (Mitigation)	기존 (Baseline)	감축량 (기존 - 경감)
Fuel CO2	2,481,228	4,135,380	1,654,152
Fuel N2O	21.48	35.80	14.32
Fuel CH4	716.08	1,193.47	477.39
Total CO2 equiv.	2,504,057	4,173,428	1,669,371
Tonne CO2 Reduction/Vehicle			1.67

KRW/tCO2eq			160,131

6. Electric Vehicles

	Electric Vehicles		

Number of Vehicles: 500,000

The mitigation option - Electric cars ▼
Fuel 12
Unit fuel consumption 5,400 kWh/vehicle-year
Total Fuel Use 2,700,000 MWh/year 9,720,000

Replaces the baseline option - Conventiona ▼
Fuel 3
Unit fuel consumption 60 GJ/vehicle-year
Total Fuel Use 29,836,800 GJ/Year

연간 투자비용	경감 (Mitigation)	기존 (Baseline)	증감 (경감 - 기존)
Unit Investment Cost (KRW/vehicle)	11,000,000	0	11,000,000
Lifetime (Years)	15	0	15
Unit Annualized Investment (KRW)	1,059,765	0	1,059,765
Total Investment Cost (KRW)	529,882,581,851	0	529,882,581,851
Annual Fuel Cost (KRW)	267,300,000,000	328,204,800,000	-60,904,800,000
Total Annual Cost (KRW)	797,182,581,851	328,204,800,000	468,977,781,851

온실가스 배출량	경감 (Mitigation)	기존 (Baseline)	감축량 (기존 - 경감)
Fuel CO2	871,653	2,067,690	1,196,038
Fuel N2O	8.47	17.90	9.43
Fuel CH4	10.41	596.74	586.32
Total CO2eq	874,399	2,086,714	1,212,315
Tonne CO2 Reduction/Vehicle			2.42

KRW/tCO2eq			386,845

7. Industrial CHP

Industrial CHP		
	Heat Required (both options):	20,000,000

The mitigation option - Natural Gas-fired CH ▼ | ▼

Consumes   9   Produces   12

Total Fuel Use   40,000,000 GJ/Year   10,000,000

Replaces the baseline option - Oil-fired boil ▼

Fuel   1

Total Fuel Use   36,363,636 GJ/Year

연간 투자비용	경감 (Mitigation)	기존 (Baseline)	증감 (경감 _ 기존)
Unit Investment Cost (KRW)	1,232,000,000,000	0	1,232,000,000,000
Lifetime (Years)	35	0	35
Total Annualized Investment (KRW)	75,240,343,308	0	75,240,343,308
Annual Fuel Cost (KRW)	77,000,000,000	240,000,000,000	-163,000,000,000
Total Annual Cost (KRW)	152,240,343,308	240,000,000,000	-87,759,656,692

온실가스 배출량	경감 (Mitigation)	기존 (Baseline)	감축량 (기존 _ 경감)
Fuel CO2	1,379,238	2,813,333	1,434,095
Fuel N2O	-4.71	21.82	26.53
Fuel CH4	149.29	72.73	-76.56
Total CO2eq	1,381,276	2,821,464	1,440,188
Tonne CO2 Reduction			1,440,188

KRW/tCO2eq			-60,936

8. CCS

<table>
<tr><td colspan="4" align="center">CCS</td></tr>
</table>

The mitigation option - Coal with CC: ▼

Fuel	11
Capacity (MW)	2,000
Availability	80.00%
Efficiency	35.00%
Fuel consumption	40,045,714 MWh/year	144,164,571

Replaces the Baseline option - Exist ▼

Fuel	10
Efficiency	30.00%
Fuel consumption	48,720,000 MWh/year	168,192,000

연간 투자비용	경감 (Mitigation)	기존 (Baseline)	증감 (경감 . 기존)
Unit Capital Cost (KRW/kW)	3,300,000	1,100,000	2,200,000
Total Capital Cost (KRW)	6,600,000,000,000	2,200,000,000,000	4,400,000,000,000
Lifetime (Years)	35	35	0
Total Investment Cost (KRW)	403,073,267,724	134,357,755,908	268,715,511,816
Annual Fuel Cost (KRW)	158,581,028,571	185,011,200,000	-26,430,171,429
Total Annual Cost (KRW)	561,654,296,295	319,368,955,908	242,285,340,387

온실가스 배출량	경감 (Mitigation)	기존 (Baseline)	감축량 (기존 . 경감)
Fuel CO2	2,045,695	15,910,963	
Fuel N2O	30	235	
Fuel CH4	22	168	
Total CO2eq	2,055,154	15,984,530	13,929,376

KRW/tCO2eq			17,394

9. Hydro Power

Hydro Power	

The Mitigation Option - Hydroelectric Power   6,000

Unit Size   ▼ MW

Fuel   13

Electricity Production (MWh)   36,792,000 MWh/year

Electricity Production (GJ)   132,451,200 GJ/Year

Replaces the Baseline option - Existing Coal   ▼

Fuel   10

Unit fuel consumption   140,160,000 MWh/year

Total Fuel Use   504,576,000 GJ/Year

연간 투자비용	경감 (Mitigation)	기존 (Baseline)	증감 (경감 - 기존)
Unit Investment Cost (KRW)	26,400,000,000,000	6,600,000,000,000	19,800,000,000,000
Lifetime (Years)	35	35	
Unit Annualized Investment (KRW)	1,612,293,070,894	403,073,267,724	1,209,219,803,171
Total Investment Cost (KRW)	1,612,293,070,894	403,073,267,724	1,209,219,803,171
Total Annual O&M (KRW)	36,792,000	420,480,000	-383,688,000
Annual Fuel Cost (KRW)	0	555,034	-555,034
Total Annual Cost (KRW)	1,612,329,862,894	403,494,302,757	1,208,835,560,137

온실가스 배출량	경감 (Mitigation)	기존 (Baseline)	감축량 (기존 - 경감)
Fuel CO2	0.00	47,732,890	47,732,890
Fuel N2O	0.00	706.41	706.41
Fuel CH4	0.00	504.58	504.58
Total CO2eq	0.00	47,953,591	47,953,591
Tonne CO2 Reduction			47,953,591

KRW/tCO2eq	25,208

10. Forestry

Forestry	
Area Planted (ha)	4,000,000
Unit Annual C sequestered (Tonnes C/ha)	1.50
Total CO2 Sequestered (Tonnes)	22,000,000
Cost (KRW/Tonne C)	5,500
Cost (KRW/Tonne CO2)	1,500

Global Carbon Market Structure

Domestic	International

Compliance

Domestic Compliance Instrument
(ETS, Carbon Taxes)

UNFCCC**(NDC)**

ICAO**(CORSIA)**

Demand

vs.

Domestic Crediting Mechanisms
(Austrailia ERF)

International Crediting Mechanisms
(CDM, Article 6)

Supply

Independent Mechanisms
(Verra, Gold Standard, Plan Vivo)

vs.

Voluntaty

Voluntary Crdit Purchases**(Corporate Offseting)**

Demand

Global Carbon Market Structure

International Crediting Mechanisms	International Compliance Markets
	Domestic Compliance Markets
	Results-based Finance
	Voluntary Carbon Markets
Domestic Crediting Mechanisms	Domestic Compliance Markets
	Results-based Finance
	Voluntary Carbon Markets
Independent Mechanisms	International Compliance Markets
	Domestic Compliance Markets
	Results-based Finance
	Voluntary Carbon Markets

자발적 탄소시장 주요 용어 및 약어 정리

주요 용어

Brokers : intermediaries who do not take ownership of offsets, but facilitate transactions for a fee between project developers and end users, between project developers and retailers, and/or between retailers. When given the opportunity, some retailers will also perform this role, but generally not at significant volumes.

Buyers : individuals or entities who purchase offsets either for their own internal use (called "end-buyers") or for re-sale to another buyer (called "intermediaries"). Intermediaries, such as retailers, purchase offsets with the intention to resell. In contrast, end-users purchase offsets to count against their emissions and typically retire any purchased offsets to signalthat those offsets are no longer available for sale.

Carbon Credits / Carbon Offsets (also shortened to "Offsets" and/or "Credits") : A carbon offset or carbon credit is an activity designed to compensate for the emission of anthropogenic greenhouse gases into the atmosphere. It may be regulatory (e.g., eligible for a compliance program) or voluntary. Within carbon and greenhouse gas markets, offsets specifically refer to one metric ton of carbon dioxide equivalent reduced, avoided, or sequestered by an entity to compensate for emitting that ton elsewhere. Throughout this report, we measure offsets in metric tons of carbon dioxide equivalent(tCO_2e), or millions of tons($MtCO_2e$).

Co-benefits : additional environmental, social, or other benefits arising from a carbon project that are quantified based on metrics or indicators defined by the project developer, a co-benefits certification program, or third-party carbon project standard that accounts for both climate and co-benefits. Some registries and standards enable co-benefits certification to be "tagged" onto issued carbon offsets if quantification and verification of co-benefits are not already embedded in a carbon project standard.

Compliance markets : the result of government regulation to reduce greenhouse gas emissions, and allow regulated entities to obtain and surrender emissions permits(allowances) or offsets in order to meet predetermined regulatory targets.

End buyers : buyers who purchase offsets with the intention of retiring them. Offsets will no longer be sold after transferring to an end-buyer. This contrasts with retailers, who purchase offsets with the intention to resell them. End buyers are also referred to in this report as "end-users."

Issuance : the final project stage which occurs after third-party auditors (often referred to as a VVB, Validation / Verification Body) have guaranteed a project has avoided or sequestered carbon dioxide or its equivalent. If a project using an approved methodology garner approval from a VVB and a third-party standard, then they may be eligible for issuance. Any offsets issued to the project owner come with a unique serial number and are listed in a registry that monitors any ownership transfers or offset retirement. Issuance takes place once a carbon offset project has been validated, verified, and undergone other required processes.

Methodology : requirements for carbon offset projects for calculating emissions reductions and or removals. Project developers can either use pre-existing methodologies or develop new ones. Voluntary offset standards each have a list of approved methodologies that they accept.

Permanence : principle that carbon offsets must permanently remove the carbon dioxide or equivalent emissions from the atmosphere or oceans. For forest carbon, a reversal of carbon storage can happen from human activity (e.g., logging) or unforeseen natural events (e.g., forest fires, pest outbreaks).

Primary market : the initial transaction of offsets from the project developer to the first buyer in line – this can be an offset retailer or broker (i.e., the "secondary market") or a buyer of offsets for "end use" (i.e., end user or end buyer) in the voluntary or compliance carbon offset markets.

Project : a site, or suite of sites, where developers seek to quantify emission reductions and or removals to produce tradable climate reduction certificates, called offsets.

Project developer : organizations or individuals that create carbon offset projects, beginning with the initial Project Design Document all the way to issuance. Project developers include organization's that are the project owner, partner organizations involved in project implementation, project financiers/investors, or others.

Reduced Emissions from Deforestation and Forest Degradation(REDD+) : project types in areas where existing forests are at risk of land-use change or reduced carbon storage. The projects focus on conserving these forests before they are degraded or deforested, resulting in the avoidance of a business-as-usual scenario that would have produced higher emissions. Emission reductions occur primarily through avoided emissions.

Avoided Planned REDD+ : projects that seek protect forests that have been legally authorized to convert to non-forest land.

Avoided Unplanned REDD+ : projects that seek to protect forests from unclear or multiple threats, such as subsistence agriculture, livestock grazing, collection of fuel wood charcoal, illegal logging, and small-scale extractive activities.

Reduction Credits : carbon offset that represents a reduction in business-as-usual emissions associated with a project activity.

Registry : body that issues, holds, and transfers carbon offsets, which are given unique serial numbers to track them throughout their lifetime. Registries can also retire offsets. In compliance markets, each market has its own designated registry. In the voluntary market, independent registries exist.

Removal Credits : carbon offset that represents the creation of carbon pools/sinks that sequesters carbon dioxide from the atmosphere.

Retirement : the point at which an organization permanently sets aside a carbon offset in a designated registry, taking the carbon offset's unique serial number out of circulation. Retiring offsets through a registry ensures that they cannot be resold. This is of particular importance if the buyer's intent is to claim the offset's emissions reductions against a carbon reduction orneutrality target.

Secondary market : sales of offsets among market intermediaries or between market intermediaries and end buyers or end users.

Standard : set of project design, monitoring, and reporting criteria against which carbon offsetting activities and/or projects' environmental and social co-benefits can be certified or verified. In the voluntary markets, a number of competing standard organizations have emerged with the intent to increase credibility in the marketplace. More recently, national and sub-national regulated markets have also designed standards specific to regional needs for voluntary use.

Supplier : an organization that sells carbon offsets, such as a project developer, retailer, or broker.

Transaction : action that occurs when offsets are contracted by a buyer, regardless of whether suppliers agree to deliver offsets immediately or in the future.

Validation and or Verification Body : body that ensures rules and requirements of an individual methodology, third party standard and local and jurisdictional laws are being adhered to at time of project registration and verification event.

Vintage : year in which emissions reductions occur. The vintage of the offsets may not necessarily match the year in which the offsets are transacted-and the vintage year may bein the future.

Voluntary carbon markets : the collective voluntary transactions tracked worldwide. There is no centralized single marketplace for voluntary transactions but rather many discrete transactions and, in some cases, jurisdictional or program-related markets (such as the United Kingdom's Woodland Carbon Code).

주요 약어

ACR : American Carbon Registry

ART : Architecture for REDD+ Transactions

CAR : Climate Action Reserve

CDM : Clean Development Mechanism

CORSIA : Carbon Offsetting and Reduction Scheme for International Aviation

EM : Ecosystem Marketplace

ETS : Emission Trading System(or Scheme)

GHG : Greenhouse Gas

IETA : International Emissions Trading Association

IFM : Improved Forest Management

IIGCC : Institutional Investors Group on Climate Change

LEAF : Lowering Emissions by Accelerating Forest finance Coalition

$MtCO_2e$: Million Metric Tonnes of Carbon Dioxide Equivalent

NBS : Nature Based Solutions

NCS : Natural Climate Solutions

OTC : Over the Counter

REDD : Reduced Emissions from Deforestation and Degradation

SBTi : Science Based Targets Initiative

SDGs : Sustainable Development Goals

tCO_2e : Metric tonnes of carbon dioxide or equivalent(typically measured in millions, M, or thousands, K)

VCM : Voluntary Carbon Markets

VCS : Verified Carbon Standard

VVB : Validation / Verification Body

출처 : Ecosystem Marketplace

참고 자료

《탄소시장의 비밀》, 김태선, 경문사, 2009.10

《에너지 · 탄소배출권 시장개론》, 김태선 외 2인, 경문사, 2013.05

《탄소시장 인베스트》, 김태선, 두드림미디어, 2023.06

《자발적 탄소크레딧 시장 101》, 김태선 외 7인, 두드림미디어, 2024.03

〈2023 한중일 탄소가격 포럼〉, 김태선, 환경부, 2023.11

〈CCM 시장 이해와 VCM 시장구조 분석 II〉, 김태선, 중소벤처기업부, 2023.09

〈규제적 탄소시장과 자발적 탄소시장 연계방안〉, 김태선, 서울파이낸스, 2023.10

〈국내 탄소배출권 시장현황 및 자발적 탄소시장 개설방향〉, 김태선, 자발적탄소시장연합회, 2024.03

〈자발적 탄소시장 구조 및 탄소크레딧 레이팅 필요성〉, 김태선, 서울파이낸스, 2024.04

〈국내 탄소시장 현황 및 자발적 탄소시장 활성화 방안〉, 김태선, 디지털조선TV, 2024.05

〈국내외 배출권시장 현황 및 가격 동향〉, 김태선, 배출권시장협의회, 2024.05

〈자발적 탄소시장(VCM)의 동향과 시사점〉, 자본시장연구원, 하온누리, 2022-24

〈국제 탄소시장 전망 및 대응전략 : 파리협정 세부이행지침을 중심으로〉, 기후기술협력부, 국가녹색기
　　술연구소, 2022.12

〈자발적 탄소시장(VCM)의 글로벌 표준지침 및 국내 활용전략〉, KBCSD, 2023.02

〈자발적 탄소시장 전망과 과제〉, 한국금융연구원, 2024

Carbon Markets, Arnaud Broth 외 2인, earthscan, 2009

State and Trends of Carbon Pricing 2023, World Bank Group, 2023.05

Commoditizing Carbon Offsets: Infrastructure and Players, BNEF, 2023.05

Carbon Market Year in Review 2022, Refinitive, 2023.02

VCM 2022 in Review, Trove Research, 18 January 2023

Taskforce On Scaling Voluntary Carbon Markets, Final Report, January 2021

The State of Carbon Credits, Sylvera, 2023

GenZero Carbon Market 2.0, 2023. 12

Climate Focus VCM Dashboard ; BCG Analysis

Innovating in Carbon Removals, Gold Standard, 2022

Cross-sectoral perspectives. IPCC AR6 WGIII 2022

2022/0394(COD) Union certification framework for carbon removals

Ecosystem Markets 2023

Directive (EU) 2023/959 of the European Parliament and of the Council

The voluntary carbon market 2022 insights and trends, 2023

Climate Focus 2023

MSCI Carbon Markets 2023

Marginal Abatement Cost Curve : A call for caution, Paul Ekins 외 2인, UCL Energy Institute, 2011.04

Best Practices in Risk Management for the Demand Side in Voluntary Carbon Market, CARBONVERT, 2023

https://www.greenbiz.com/article/carbon-crediting-bodies-explained

https://www.linkedin.com/pulse/understanding-voluntary-carbon-market-pricing-lara-hughes-allen-ph-d-

https://icvcm.org/the-core-carbon-principles

https://ecosphere.plus/vintage-vintages

https://www.esgeconomy.com/news/articleView.html?idxno=3035

https://www.abatable.com/blog/carbon-credits-pricing

https://www.sylvera.com/blog/voluntary-carbon-markets-ecosystem-explained

https://www.sylvera.com/blog/what-is-a-carbon-credit-agency

https://drive.google.com/file/d/1UMQfKF-Uq6VtgSkQ1PedGkpKqDftMEap/view

https://www.impacton.net/news/articleView.html?idxno=7052

https://m.blog.naver.com/curve10/223160051649

https://m.blog.naver.com/PostView.naver?blogId=curve10&logNo=223156992642&targetKeyword=&targetRecommendationCode=1

https://m.blog.naver.com/curve10/223161811525

https://www.newstree.kr/newsView/ntr202306280006#google_vignette

https://naver.me/G9tPFuhk

https://www.esgeconomy.com/news/articleView.html?idxno=5314

https://placefromyoung.com/entry/%EA%B7%B8%EB%A6%B0%EC%9B%8C%EC%8B%B1Green-Washing%EC%9D%98-7%EA%B0%80%EC%A7%80-%EC%9C%A0%ED%98%95

https://m.blog.naver.com/eco_way/223189123343

https://greenium.kr/greenbiz-economy-vcm-verra-ceo-resign-carbon-credits-redd-forest-science

https://www.impacton.net/news/articleView.html?idxno=6951

https://dbr.donga.com/article/view/1101/article_no/10877

https://www.environmental-finance.com/content/awards/voluntary-carbon-market-rankings-2023

https://carbonvert.com/uploads/carbonvert-voluntary-carbon-markets-risk-management-whitepaper-june-2023.pdf?_cchid=5b6188ec48acbd13798eac07db90e57d

https://dbr.donga.com/article/view/1101/article_no/10878/ac/magazine

https://climatefocus.com/initiatives/voluntary-carbon-market-dashboard

https://www.green.earth/blog/the-voluntary-carbon-markets-journey-through-2023-and-beyond

https://carbonmarketwatch.org/author/gavinmair

https://xpansiv.com/xpansiv-quarterly-vcm-review-q2-2023

https://perspectives.refinitiv.com/market-insights/global-carbon-market-value-hits-new-record

https://energytracker.asia/types-of-greenwashing

https://carbonmarketwatch.org/wp-content/uploads/2024/04/CMW-Lost-in-Documentation-Transparency-in-voluntary-carbon-market-registries.pdf

https://m.naeil.com/news/read/508144?ref=naver

https://www.reuters.com/markets/commodities/global-carbon-markets-value-hit-record-949-bln-last-year-lseg-2024-02-12

https://www.environmental-finance.com/content/awards/voluntary-carbon-market-rankings-2023

https://unfccc.int/gcse?q=voluntary%20carbon%20market

https://offset.climateneutralnow.org

https://www.visualcapitalist.com/the-rising-demand-for-nature-based-climate-solutions

https://icapcarbonaction.com/en/ets-prices

https://www.eea.europa.eu/data-and-maps/dashboards/emissions-trading-viewer-1

https://m.blog.naver.com/smileru/223278849481?referrerCode=1

자발적 탄소시장 다이제스트

제1판 1쇄 2024년 5월 30일

지은이   김태선
펴낸이   한성주
펴낸곳   ㈜두드림미디어
책임편집 이향선
디자인   얼앤똘비악(earl_tolbiac@naver.com)

㈜두드림미디어
등록   2015년 3월 25일(제2022-000009호)
주소   서울시 강서구 공항대로 219, 620호, 621호
전화   02)333-3577
팩스   02)6455-3477
이메일   dodreamedia@naver.com(원고 투고 및 출판 관련 문의)
카페   https://cafe.naver.com/dodreamedia

ISBN 979-11-93210-78-9 (03320)